Peter Karner

BEI WEM LASSEN SIE SÜNDIGEN – UND ANDERE RELIGIÖSE FRAGEN

Michaela Kubik
verspätet, aber umso herzlicher
zum Geburtstag

Dein
Peter Karner

Peter Karner

BEI WEM LASSEN SIE SÜNDIGEN – UND ANDERE RELIGIÖSE FRAGEN

OTTO MÜLLER VERLAG

Die Deutsche Bibliothek – CIP-Einheitsaufnahme

Karner, Peter:
Bei wem lassen Sie sündigen – und andere religiöse Fragen / Peter Karner. – Salzburg ; Wien : Müller, 1997
ISBN 3-7013-0949-3

ISBN 3-7013-0949-3

Umschlaggestaltung: Leo Fellinger
Satz: Fotosatz Rizner, Salzburg
Druck und Bindung: Wiener Verlag, Himberg

Inhalt

Bei wem lassen Sie sündigen?

Ein bekannter Wiener Scheidungsanwalt – anläßlich seiner „Silbernen Hochzeit" befragt, wieso seine Ehe so gut gegangen sei – hat die bemerkenswerte Äußerung getan: „Andere Ehepaare haben sich sozusagen für uns scheiden lassen. Als Scheidungsanwalt lernt man ja nun wirklich sehr gut kennen, auf wie viele blöde Arten man eine Ehe ruinieren kann. Meine Beschäftigung mit den Eheproblemen anderer Paare hat meiner Frau und mir viel erspart. Wir haben eben nicht jeden Fehler nachgemacht."

Andere Leute machen ähnliche Erfahrungen. Ein Arzt: „Andere sind für mich gestorben! Ich habe einige Patienten, die entwickeln eine geradezu unglaubliche Phantasie, sich zizerlweis' umzubringen. Und erst meine lieben Herren Kollegen: Vor lauter Behandeln merken die oft gar nicht, daß sie selber krank sind. Besonders Ärztebegräbnisse wirken sehr pädagogisch."

Anwälten steht natürlich ein Heer von Stellvertretern zur Verfügung. So sprach ein Anwalt, eher grundsätzlich: „Andere sind für mich eingesperrt worden. Zugegeben, jeder Mensch gerät – und das nicht nur einmal – in Versuchung. Ich hab's meine Klienten für mich ausprobieren lassen und hab' mir den Häfen erspart!"

Und ein Bankdirektor: „Andere haben für mich Pleite gemacht. Ich schau' lieber zu, was die anderen alles riskieren und warte ab. Und ich hab's noch nicht bereut."

Ein Politiker: „Andere sind für mich korrupt gewesen. Als Politiker wird man ja sowieso beschimpft, und es wird einem fast alles unterstellt, auch wenn man ein Leben lang korrekt gewesen ist. Andere sind für mich korrupt gewesen, und ich hab' die schlechte Nachred' gehabt."

Und eine Buchhalterin: „Andere haben für mich Unterschlagungen gemacht. Da hab' ich gesehen, wie tod-sicher alle Tricks sind. Da brauche ich nichts mehr selbst auszuprobieren."

Und ein Journalist: „Andere haben sich für mich verkauft. Und der Preis war oft gar nicht schlecht; aber der bittere Nachgeschmack, der irgendeinmal doch kommt, dank' schön!"

Auch ein Pfarrer: „Andere haben für mich geheuchelt. Da hab' ich gesehen, wie widerlich und peinlich es ist, wenn gerade ein Christ den Perfekten spielt."

Und ein Elternpaar: „Andere haben für uns ihre Kinder schlecht erzogen. Wir waren glücklicherweise die letzten in unserem Bekanntenkreis, die Kinder bekommen haben. Das hat uns eine Menge Experimente mit unseren Kindern erspart."

Was für eine Wohltat, jemanden zu haben, der stellvertretend alle Blödheiten, Irrtümer und Verbrechen erledigt.

Religion als Köder

Seit drei Jahren ist die Produktwerbung auffällig religiös geworden. Biblische Gestalten und Begriffe, Mönche und Nonnen, Pfarrer und vielerlei Kirchliches findet man immer mehr auf Plakaten und in Werbespots. Sogar religiös abstinente Leute fragen sich da: Kaufen die Leute mehr Käse, weil ihn auf einmal ein Pfarrer anbietet? Hebt sich der Pizzaumsatz, weil eine Firma ihr Produkt mit fröhlichen Nonnen garniert.

Wer übrigens weiß, wie sehr die Menschheit heutzutage Computern ausgeliefert ist, wird sich nicht allzusehr darüber wundern, daß sich eine Computerfirma ernsthaft mit Situationen beschäftigt, „wo man nur beten kann"! Andererseits dürfte es selbst einem Erzengel schwer fallen, die Köstlichkeiten einer weltweit verbreiteten „schottischen Spezialitätenkette" einem Menschen mit halbwegs intaktem Gaumen anzudrehen.

Werbung mit Religion? Es könnte natürlich auch sein, daß sich die Wirtschaft von der Religion die Glaubwürdigkeit ausborgen möchte. Oft genug vertrauen ja sogar Atheisten geistlichen Personen mehr als ihresgleichen.

Wenn ein smarter Manager etwas von Tiefstpreis faselt, glaubt ihm sowieso niemand. Aber wenn ein Pfarrer sagt: „Der Tiefstpreis ist mir heilig!“, dann muß man ihm doch glauben. Nein – sagen viele Christen, diese Werbung mit religiösen Inhalten ist ein Mißbrauch, eine Geschmacklosigkeit. Wenn Feministinnen mit Recht und Erfolg dafür kämpfen, daß Autoprospekte nicht mehr mit nackten Frauen garniert werden, dann werden wohl auch die Christen verlangen dürfen, daß ihre geistlichen Inhalte respektiert werden.

Wenn allerdings ein Pfarrer liest: „Wir versichern Kain und Abel“ oder „Ich habe das Paradies gesehen. Es ist unvorstellbar schön. Und ab Oktober in der Sowiesogasse zu sehen“, dann sagt er sich mit einem gewissen Erstaunen: Wie stark muß der Glaube noch in Österreich sein, daß sich die Werbeleute vom Brechen christlicher Tabus eine Umsatzsteigerung erwarten.

Übrigens fällt auch auf, daß sich die Werbung trotz des wachsenden Moslemanteils der österreichischen Bevölkerung beharrlich auf christliche Versatzstücke beschränkt. Oder könnte das vielleicht gar damit zu tun haben, daß sich die Werbeprofis vom Brechen islamischen Tabus eher einen Einschreibebrief mit Seidenschnur erwarten würden?

Christen tun allerdings gut daran, mit dem Vorwurf der Lästerung vorsichtig umzugehen, haben sie doch selbst oft genug den Namen Gottes zur Werbung für höchst unchristliche Ziele mißbraucht.

Waschmittel-Religion

Verdrängte Schuld weckt die Sehnsucht nach Putzmitteln.

Und wie sie duften – diese herrlichen Wasch- und Spülmittel, die, o Wunder, zugleich hautfreundliche Kosmetika sind: „Prall“ & „Otto“, die „weiße Riesin“ und „Pirsol“. Und alles sieht aus wie neu, wenn es nur richtig gewaschen wird. Denn:

Was alt aussieht, wird weggeworfen. Sauberkeit hat einen unverwechselbaren Geruch. Sauberkeit hat immer etwas mit Religion zu tun. Sauberkeitsgeruch ist der Weihrauch der Spießer, Heuchler und Fundamentalisten.

Als man im 16. Jahrhundert angefangen hat, die Stadt geruchlos zu machen: durch Säuberung, Pflasterung und Beseitigung der Abfälle, da war zugleich damit der Wille zur moralischen Kontrolle und Reinigung verbunden. Praktisch: man darf nicht mehr Tierkadaver, Dung, Exkremente auf die Straße schmeißen. Man darf nicht mehr schmutziges Wasser, den Nachttopf, Blut von Aderlässen auf die Straße schütten – aber gleichzeitig werden auch Tanz, Spiel und Wirtshausbesuche verboten. Vielleicht schickt dann Gott nicht die Pest?

Die Stadt wird desinfiziert und der „Menschendreck" wird ebenfalls beseitigt. Damit es endlich gut riecht bei uns. In den einschlägigen Verordnungen steht die Ausweisung von Fremden neben der Reinigung der Kanäle.

Ein Zeitgenosse hat das Programm im 17. Jahrhundert so formuliert: „O könnte doch die Schaufel des Straßenkehrers alle schmutzigen Seelen auf einen Karren laden und sie aus der Stadt hinausschaffen." Heutzutage nährt sich der Sauberkeitsgeruch von frustrierten Hausfrauen, den dienstbereiten Ministrantinnen einer boomenden „Waschmittel-Religion". Angst essen Wäsche auf! Schwarze Seelen in den weißesten Leichentüchern, die es je gab. Ist das neu? Nein – sondern nur in der richtigen Brühe gewaschen.

Karrieren

Auch zu Luthers Zeiten sind die Leute gern alt geworden und haben etwas erreichen wollen im Leben. Und es hat natürlich viele gute Ratschläge gegeben, wie man das schafft. Auch Luther wußte hier zu raten:

„Willst du alt werden, so werde bald alt: behalte den Kragen warm, fülle nicht so sehr den Darm, komm der Grete nicht zu nah, so wirst du langsam grau!"

Ja schön, langsam grau, langsam alt zu werden. Aber es geht ja nicht nur darum, ein bestimmtes Lebensalter zu erreichen, sondern darum, in jedem Lebensalter etwas Besonderes zu erreichen. Was aber ist optimal in jedem Lebensalter? Dazu wieder Luther:

„Wer mit 20 nicht schön, mit 30 nicht stark, mit 40 nicht klug, mit 50 nicht reich wird, der braucht danach nicht mehr zu hoffen. Alter schützt vor Torheit nicht."

Oder anders gesagt: Alt und dumm wird man ganz von allein; und je weniger man sich anstrengt, um so leichter wird man's. Was ist wirklich das Optimum in jedem Lebensjahrzehnt? Unsere Zeit hat da ganz andere Modellvorstellungen.

Mit 20 Student, mit 30 Stressman, mit 40 Herzinfarkt, mit 50 Frühpension. Oder: Mit 20 Luxusbubi, mit 30 ewiger Student, mit 40 in der Firma vom Papa, mit 50 Aussteiger.

Aber auch weibliche Lebenskarrieren haben heutzutage eine geradezu unverwechselbare Individualität: Mit 20 Jahren Girl im Fetzenlook, mit 30 standesgemäße Heirat, mit 40 kosmetikgegerbte Partygeberin, mit 50 Ärztestammgast. Oder: Mit zehn Jahren verfressen, mit 20 übernachtig, mit 30 Expertin für alles, was „in" ist, mit 40 frustriert, mit 50 resigniert.

Solche Lebenskarrieren sind nicht gerade erstrebenswert, aber sie sind typisch für ein Land, das im Wohlstand lebt.

Lebenskarrieren in der Dritten Welt sehen anders aus:

Mit 10 Jahren immer hungrig, mit 15 das erste Kind, mit 20 krank, mit 25 nach der Geburt des fünften Kindes gestorben – Leben in Bangladesh.

Oder: Mit zehn Jahren ein Kind in den Slums, mit 20 Revolutionär, mit 30 im Dschungel versteckt, mit 40 von einem betrunkenen Soldaten erschossen – Leben in Südamerika.

Vor allem die Leute in der Ersten Welt könnten dafür sorgen, daß Menschen ihr Leben leben können: in jedem Lebensjahrzehnt das dafür typische Gute und Sinnvolle erreichen können. Also: Mit 20 Jahren schön, mit 30 stark, mit 40 klug, mit 50 wohlhabend, mit 60 großzügig, mit 70 ein Philosoph, mit 80 weise – ein Leben in Österreich? So kann jede/r feststellen, wie alt er/sie wirklich ist. „Karrierehelfer" zu werden, könnte eine ethische Herausforderung sein!

Tschernobylitis – eine Verblödungserscheinung

Dem „Atom-Gott" sei Dank – endlich ist mit allen Hysterien rund um die Tschernobylfolgen aufgeräumt worden. Wien darf stolz sein, daß die internationale Konferenz, die die „radioaktiven Ängste" als unbegründet entlarvt hat, in seinen Mauern stattgefunden hat. Und wenn sich's der Herr Bürgermeister gefallen ließe, dann würden ihm die Strahlomanen gern ein Cäsiumfederl an den Hut stecken.

Gefahren muß man in erster Linie nüchtern betrachten. Nur ungebildete Leute verlieren gleich wegen ein bissel Gau die Nerven. Man muß die Leute nur auf den Gau, „der praktisch gar nicht möglich ist", vorbereiten. Wenn jeder weiß, was er im Fall des Falles, der nie eintreten wird, tun muß, dann ist der Gau höchstens ein „Gautscherl". 1986 hing folgendes Plakat an einem Baum des Wiener Gänsehäufels: „Sehr geehrte Badegäste! Betr.: RADIOAKTIVITÄT. Allen Badegästen wird empfohlen, nach dem Baden gründlich zu duschen! Das Gesundheitsamt rät Schwangeren und Kleinkindern, auf das Baden in der Alten Donau zu verzichten. MA 44 – Städt. Bäderverwaltung." Man sieht, Wienerinnen und Wienern kann der Gau nichts anhaben. Gefahrenbedingt tun sie etwas, was sie in gefahrlosen Zeiten offensichtlich nicht tun, sie duschen nach dem Baden – und schon sind sie immun gegen die böse Radioaktivität.

Zugegeben, österreichische Schwammerln und heimische

Bambis „strahlen" noch, aber unsere Landsleute sollen doch nicht undankbar sein – wollen sie denn lieber an Rinderwahnsinn zugrunde gehen? Na also! Dumme, ungebildete Leute würden „Atom-Zeitzünder" abschalten und die Tschernobylruine endgültig sanieren. Geistreiche Atomexperten hingegen stellen objektiv fest: „Es gibt immer noch Sicherheitsdefizite, die nicht akzeptiert werden können!" aber wohl müssen, weil es wohl zu viele verblödete und verantwortungslose Wissenschaftler, Geschäftemacher und Politiker gibt.

Die unter „Tschernobylitis" leidende Konferenz hat abschließend festgestellt, daß „eine Wiederholung desselben Unfalls praktisch nicht möglich sei". Daß angesichts so vieler „Praktiker" die Kirchen weltweit für den 25. April zum Gebet aufgerufen haben, wird keinen wundern.

Puppenspielen

Puppen – lateinisch pupa = das kleine Mädchen. Puppen – das Spielzeug schlechthin. Puppen – eine der ältesten Spielsachen. Puppen waren ursprünglich etwas Religiöses, Kultisches. Wenn Mädchen heutzutage mit Puppen spielen, so ist das so, als würden Buben mit kleinen Altären spielen. Puppen waren ursprünglich Weihegeschenke für die Liebesgöttin Aphrodite. Vor 2500 Jahren haben Mädchen vor ihrer Verheiratung der Göttin Venus Puppen geopfert. Im christlichen Mittelalter war die Puppe das Patengeschenk für den weiblichen Täufling – aus spießigen Gründen allerdings eine geschlechtslose Puppe.

1631 hat die Nürnberger Bürgerin Anna Köferlin ihr Puppenhaus zur Besichtigung freigegeben – und dazu ein Flugblatt:

„Soll euch gut Lehr' geben, daß – wenn ihr einmal zu einem Haus kommt – Gott euch einen eigenen Herd gibt, daß ihr's voraus bei allem eurem Leib und Leben ordentlich und nach Gebühr in euren Haushalten richtet und ordnet."

Im 17. und 18. Jahrhundert wird das Puppenhaus zum Denkmal bürgerlicher Kultur: Die Puppe als Symbol für die Frau als „Ehefrau und Mutter". Puppen werden gewickelt, gereinigt, angezogen, gefüttert, erzogen und schlafen gelegt. Einen puppenspielenden Buben hätte man zum Kinderarzt und dann zum Psychiater gebracht. Denn ein Bub – also ein zukünftiger Bürgersmann – spielt nicht mit so etwas. Seine Spiele verraten den kommenden Helden: Pfeil und Bogen, ein Spielzeuggewehr, Zinnsoldaten. Zum Jüngling geworden, wird er dann die „losen Puppen" tanzen lassen. Und als etablierter g'standener Mann wird er eine anständige Puppe heiraten.

Wenn Sie eine feministische Freundin haben, und Sie wollen sie so richtig ärgern, dann schenken Sie ihr eine „Barbie-Puppe". Denn die Barbie-Puppe verkörpert für sie alle patriarchalisch-ausbeuterischen Erwartungen eines blöden Machos:

Ein dummes Püppchen mit Riesengarderobe, glücklich und folgsam, unkompliziert und pflegeleicht, aus reichem Haus und durchschnittsverbildet. Und für besondere Wünsche kann sich Señor Macho immer noch am Playmate des Monats ergötzen, nachdem er vorher fürsorglich die Heftklammern herausgenommen hat.

Wer als Kind lernt, sich mit einer Puppe zu identifizieren, soll sich nicht wundern, wenn sie als Erwachsene wie eine Puppe behandelt wird. Vielleicht sollten progressive Eltern ihrer Tochter einmal einen „Pupperich" schenken.

Die kleinen Scheißer

Nein – die ganz großen Schurken und Verbrecher sind nicht das Problem. Mit denen sind die Politiker und die Kriminalbeamten noch immer irgendwie fertig geworden. Das große Problem sind die „kleinen Scheißer", denn die sind über das ganze Land verbreitet wie eine Epidemie. Ich weiß, mein „Fachausdruck“ ist nicht gerade fein oder vornehm – aber mir steht kein treffenderer Ausdruck zu Gebote als eben die „kleinen Scheißer“!

Eine Definition gefällig? Die „kleinen Scheißer“ sind Leute, die irgendwo unbemerkt und unbehelligt ihre miesen, kleinen Bosheiten begehen – und meistens nicht dabei erwischt werden. Kleine Bosheiten allerdings, die oft für ihre Opfer arge, ja verheerende Folgen haben. Es sind kleine, unscheinbare Leute, die oft nur in einem ganz kleinen Bereich etwas zu sagen haben, sich aber dort als gefährliche Tyrannen aufführen.

Und sollten sie doch einmal bei ihren Niederträchtigkeiten erwischt werden, dann jammern gerade sie: „Die Kleinen bestraft man, aber die Großen läßt man laufen!“ Aber am besten gedeihen die „kleinen Scheißer“ natürlich in Diktaturen. Da haben sie ideale Verhältnisse. Da kann man drohen, erpressen, einschüchtern; da sind die verängstigten Opfer schier zu allem bereit.

In unseren Nachbarländern kommt das gerade zutage: Die Flut der Miniverbrechen, der Minidiktatoren. Nein – kein Befehlsnotstand, sondern jahrelange, bewußte und boshafte Fleißaufgaben. Denn auch der allerkleinste bürokratische oder private „kleine Scheißer“ hat jemanden zum Einschüchtern und Ausnützen gefunden.

Aber war das in Österreich anders? Man erinnere sich an 1938, Morzinplatz, Gestapo-Hauptquartier: alle paar Stunden mußten die Briefkästen mit den anonymen Anzeigen geleert werden. Denn „anonym“ ist die Lieblingsform des „kleinen Scheißers“ und „Denunziation“ seine Lieblingstat. So hat zum Beispiel eine Frau ihren Exfreund aus Rache angezeigt: aus „politischen“ Gründen und natürlich anonym.

Aber auch in der Demokratie sind sie nicht ausgestorben, die privaten Brunnenvergifter. Und die Bürokratie war immer noch die ideale Braut für viele „kleine Scheißer“: Der Beamte, der besonders gern Ausländer seine Macht spüren läßt; der Partieführer, der seine Frustrationen an ausländischen Hilfsarbeitern abreagiert; der Arzt, der psychische Gesundheit mit Fragen wie „Wie schwer ist eine Semmel?“ überprüft hat.

Bleibt nur noch die Frage zu stellen, ob irgend jemand diesen erfolgreichen Minisündern ihren bösen Geist austreiben kann. Doch da geht eher ein Kamel durch ein Nadelöhr, als daß ein „kleiner Scheißer“ Buße tut.

Der Mensch ist kein Batzen Ton

Man hat manchmal seltsame Eingebungen und staunt, daß man ihnen nachgibt. Ob das auch eine göttliche Eingebung sein könnte? Von Jeremia, dem atlichen Propheten, wird so eine Geschichte erzählt.

Auf einmal hört er eine Stimme: „Geh in eine Töpferwerkstatt, und dort wirst du mich wieder hören!“ Jeremia bei sich: „Wirklich, spinn' ich, was soll das?“

Und Jeremia geht hin und schaut dem Töpfer zu: Der Mann nimmt einen Batzen Ton, gibt ihn auf die Drehscheibe und versucht, einen Topf zu formen. Nur das gelingt nicht gleich. Erst fällt der Ton zusammen, dann wieder gefällt's ihm nicht. Aber er probiert's noch einmal, und jetzt wird es ein schöner Topf. Jeremia ist ganz ins Zuschaun versunken. Da hört er wieder die Stimme: „Kann ich nicht mit euch Menschen genauso umgehen wie dieser Töpfer? Ihr seid doch auch Ton in meinen Händen.“ Jeremia erschrickt: „Nein, nicht, so nicht! So ein Gott darfst du nicht sein, der so willkürlich mit den Menschen umspringt.“ So ein Erlebnis hat wahrscheinlich nicht nur ein biblischer Prophet. Auch moderne Menschen haben manchmal das Gefühl, daß Gott mit ihnen umspringt, wie er will. Daß sie niemand fragt, ob sie das überhaupt wollen, was mit ihnen geschieht. Viele nennen ihren Manipulator vielleicht nicht Gott, sondern Schicksal oder das Leben. Aber für alle ist es das Gefühl, irgendwie hilflos ausgeliefert zu sein.

Und so mancher Beruf erinnert einen ganz brutal daran:

Wenn einen die Ämter wie eine unbedeutende Nummer behandeln. Ist Gott vielleicht auch ein blöder Beamter?

Wenn einen ein Vorgesetzter schikaniert. Ist Gott vielleicht auch ein sadistischer Chef?

Wenn ein Handwerker zum 4. Mal nicht zum vereinbarten Termin kommt. Will mich vielleicht auch Gott meine Abhängigkeit so schändlich spüren lassen.

Als Jeremia dem Töpfer zugeschaut hat, hat ihn die geheimnisvolle Stimme gefragt: „Könnte ich dich nicht genauso behandeln?" Sie setzt aber fort: „Ich tue es aber nicht, weil ich dich mag." Gott sei Dank hat der liebe Gott noch immer nicht von seinen Menschenkindern gelernt, wie schlecht man einen Menschen behandeln kann.

Die Dummheit ist eine furchtbare Stärke

„Die Dummheit", so meint der große österreichische Satiriker Johann Nepomuk Nestroy eher resignierend, „ist keine Geistesschwäche, sie ist eine furchtbare Stärke."

„Leichtsinn wurde schon oft von dem sanften Hauch der Liebe, öfter noch von dem rauhen Sturmwind der Erfahrung verscheucht. Selbst das Laster ist nicht selten vor dem Licht der besseren Überzeugung geflohen. Nur die Dummheit hat sich hinter ein festes Bollwerk von Eigensinn verschanzt."

Traurig, aber wahr ist das Sprichwort: „Gegen Dummheit kämpfen Götter selbst vergebens. Und du, schwacher Sterblicher, willst diesen Riesenkampf beginnen?"

Und er wäre kein österreichischer Satiriker, wenn das für ihn nicht nur eine rhetorische Frage wäre.

Aber stimmt es wirklich, daß gegen die Dummheit selbst Götter vergebens kämpfen? Und wenn das wirklich so sein sollte, könnte man sich wenigstens damit trösten, daß es ja nur die antiken Götter seien, die nichts gegen die Dummheit ausrichten würden. Während der Gott der Christen damals am Kreuz von Golgotha auch die Dummheit der Menschen auf sich genommen und überwunden hätte.

Das ist ja auch theologisch richtig gedacht. Nur manchmal fragt man sich, ob Kirche und Christentum die Macht und Zähigkeit der Dummheit überhaupt schon erkannt haben – die persönliche und die gremiale. Oder ob man nicht gerade in der Kirche gewohnt ist, die Dummheit, vor allem die eigene, zu unterschätzen.

Peter Altenberg hat eine treffende Antwort gegeben, als man sich einmal ihm gegenüber verwundert erklärte, daß ein bedeutender und intellektueller Mann so eine große Dummheit begangen habe, nämlich: „Nur große Männer begehen eine riesengroße Dummheit!" Diese eher „weltliche" Erkenntnis von Altenberg läßt sich unschwer auch im kirchlichen Bereich verifizieren – sogar in Kirchen, in denen es eigentlich gar keine Hierarchie gibt.

Es wäre wohl ein Zeichen von Bußfertigkeit, sich einzugestehen, daß eben sowohl große kirchliche Persönlichkeiten und bedeutende kirchliche Gremien auch manchmal riesengroße Dummheiten begehen. Könnte es nicht sein, daß vieles, worunter die Menschen in den Kirchen leiden, ein Werk der Dummheit ist?

Im biblischen Wörterbuch kommt „Dummheit" nur dreimal vor. Das ist symptomatisch und zugleich ein Fingerzeig: die Dummheit hinter all ihren Masken aufzuspüren. Könnte doch gerade die Dummheit eine der Hauptursachen für all das sein, was Menschen auch nach Christus einander angetan haben.

Nimm Dir ein Beispiel an ...

„Ihr Christen, nehmt euch ein Beispiel an Abraham – und lernt von ihm den Glauben."

Das hat vor langer Zeit der Apostel Paulus den Christen in Rom geschrieben. Damit hat er den Christen ganz ungeniert empfohlen, sich einen prominenten Vertreter aus einer anderen Religion, nämlich den Juden Abraham, als Vorbild zu nehmen – noch dazu für den Glauben.

Diese paulinische Ungeniertheit ist ansteckend, sie verleitet dazu, seinen Gedanken weiterzuspinnen:

Ihr Juden, nehmt euch ein Beispiel an Jesus – und lernt von ihm, wie man das Gesetz auslegt.

Ihr Katholiken, nehmt euch ein Beispiel an Calvin – und lernt bei ihm, wie man eine Kirche strukturiert.

Ihr Reformierten, nehmt euch ein Beispiel an Franz von Assisi – und lernt von ihm, wie man die Welt mit Güte verändert.

Ihr Orthodoxen, nehmt euch ein Beispiel an Luther – und lernt von ihm die Innigkeit des Gottvertrauens.

Ihr Lutheraner, nehmt euch ein Beispiel an Chrysostomus – und lernt von ihm die Herrlichkeit der Kinder Gottes.

Ihr Christen alle, nehmt euch ein Beispiel an Buddha – und lernt von ihm die Sanftmut und die Liebe zu allen Geschöpfen.

Ihr Christen alle, nehmt euch ein Beispiel an Mohammed – und lernt von ihm, Gott allein die Ehre zu geben.

Ihr Christen alle, nehmt euch ein Beispiel an Konfuzius – und lernt von ihm die Weisheit, die aus dem Glauben kommt.

Aber wenn ich Paulus richtig verstanden habe, dann wollte er sicher nicht nur die Religionen und Konfessionen miteinander in Kontakt bringen.

Es gibt doch sicher ein amerikanisches Vorbild, von dem die Russen etwas lernen können. Und ein russisches Vorbild, von dem die Amerikaner etwas lernen können.

Es gibt sicher einen ÖVPler, von dem die Sozialisten etwas lernen können. Und einen Sozialisten, von dem die ÖVPler etwas lernen können.

Es gibt sicher einen Gewerkschafter, von dem die Industriellen etwas lernen können. Und einen Industriellen, von dem die Gewerkschafter etwas lernen können. Nur leider: Zwischen „Lernen-Können" und „Lernen-Wollen" liegt halt oft ein Abgrund von Angst und Selbstgerechtigkeit. Diese bittere Erkenntnis ist auch dem heiligen Paulus nicht erspart geblieben.

Die lieben Mitmenschen neigen wohl bis auf weiteres dazu, sich an den „Nicht-Gesinnungsgenossen" eher ein abschreckendes Beispiel zu nehmen.

Ausrede „Lieber Gott"

Fromme Leute pflegen sich zu freuen, wenn in den Reden ihrer Zeitgenossen „Gott" vorkommt. Erfahrene Christen neigen eher zur Skepsis, wenn in den ansonsten eher „gottlosen" Argumentationen gewisser Verantwortungsträger auf einmal der „liebe Gott" auftaucht.

Die Geschichte stand übrigens in einer großen österreichischen Tageszeitung. Über Wien ist ein heftiges Unwetter niedergegangen. Der Sturm hatte das Blech von den Fertigteilhäusern weggerissen. „Durch die Fugen der Betonplatten und der Decken und der Wände und sogar aus den Steckdosen rinnt, mit Kübeln kaum noch aufzufangen, das Regenwasser in die Wohnungen."

Die verschreckten Mieter wandten sich daraufhin arglos an die Baufirma, die diese Häuser aufgestellt hat, um Hilfe. Doch die Reaktion der Verantwortlichen, oder vorsichtiger gesagt: die Reaktion der Leute, die die betroffenen Mieter für die Verantwortlichen gehalten haben, war verblüffend genug. Sie erhielten nämlich eine seltsam religiöse Antwort: „Wenn Sie jemandem die Schuld geben wollen, dann dem lieben Gott!" Und ich füge hinzu „basta" oder, um religiös zu bleiben „Amen".

Wozu doch der Religionsunterricht gut ist. Da lernt man zum Beispiel von der Sintflut, jener legendären Überschwemmungskatastrophe. Gott und der Regen, die gehören eben zusammen wie das Amen zum Gebet. Und wenn dann der Regen etwas ruiniert, dann beugt man sich eben „demütig" unter den Willen des Höchsten.

Wenn auch ein kleiner Zweifel bei den Mietern zurückblieb. Hielten sie sich doch für nicht so verrottet wie Noahs Zeitgenossen, daß Gott gleich mit einer neuen Sintflut kommen müßte. Und außerdem, so jemanden könnte man doch nicht den „lieben Gott" nennen, der einem die Wohnung unter Wasser setzt. Oder sollten sich die Herren nur einen Scherz erlaubt haben mit dem „lieben Gott" und in Wirklichkeit selber schuld gewesen sein?

Aber für prominente Verantwortungsträger ist der „liebe Gott" wohl bis auf weiteres unverzichtbar. Er pflegt erfahrungsgemäß immer dann „aufzutauchen", wenn die „Kompetenten" ihre Verantwortung schnell loswerden wollen. Oder wie sonst ist es zu verstehen, wenn der Generalsekretär der Industriellenvereinigung, selbsternannte Zuchtrute progressiver Kapläne und Vikare, in Hinblick auf den Tag nach einer Katastrophe von Bohunice sagt: „Ich bin Optimist und vertraue auf den lieben Gott!" „Lieber Gott" statt Verantwortung?

Und darum ist höchstes Mißtrauen geboten, wenn gewisse Zeitgenossen plötzlich vom „lieben Gott" reden.

Der biblische Reparaturbericht

Am Anfang hatte Gott das Licht erschaffen. Und das Licht war noch immer gut.

Und Gott sah, was alles kaputt war im Himmel und auf Erden.

Und am zweiten Tag gab Gott dem Himmel seine Schönheit zurück. Er ließ alle giftigen Gase verschwinden, sodaß die Menschenkinder wieder atmen konnten.

Das Ozon nahm er vom Erdboden weg und baute hoch oben eine neue Ozonschicht auf. Und die Kinder konnten wieder im Sonnenschein spielen. Und Gott sah, daß es gut war.

Am dritten Tag beendete Gott das Waldsterben und reparierte den Regenwald in Südamerika. Und Gott sah, daß es gut war.

Am vierten Tag schaltete Gott alle Atomkraftwerke ab und zeigte den Menschen, wie sie ihre Energie von der Sonne bekommen können.

Und Gott machte alle Benzinautos betriebsunfähig. Und Gott sah, daß es gut war.

Am fünften Tag reinigte Gott das Meer. Er ließ alle Schiffe untergehen, die Jagd auf die großen Meerestiere machten – und das Meer wimmelte wieder von Abermillionen von Fischen.

Und Gott heilte alle Tiere. Er befreite die Rinder von ihrer Pest und die Hühner von den Salmonellen und die Kälber vom Hormonfutter, und er zerstörte alle Tier-KZs. Und Gott sah, daß es gut war.

Am sechsten Tag sah Gott, daß die Menschen viele Tiere ausgerottet hatten, die er geschaffen hat. Und Gott erschuf alle ausgestorbenen Tierarten neu – sogar das „Ungeheuer von Loch Ness". Und Gott sah, daß es gut war.

Und dann fing Gott an, die Menschen zu reparieren. Er erfand einen Impfstoff gegen Aids und Krebs, und er ließ alle genmanipulierten Paradeiser verfaulen.

Und Gott erfand eine ungefährliche Empfängnisverhütung. Und Gott segnete die Menschen und sprach: „Ihr braucht nicht mehr so fruchtbar zu sein, denn ihr habt ja schon die Erde gefüllt." Und er versöhnte Feministinnen mit Machos. Und Gott sah, daß es gut war.

Am siebten Tag schuf Gott Arbeit für alle Arbeitslosen, und er schaffte den Streß und die Ausbeutung ab. Und Gott sah, daß es gut war.

Und Gott ruhte aus von all seinen Reparaturen.

Wehe dem ältesten Gewerbe

Wer denkt schon an die Bibel oder gar an den Propheten Jesaja, wenn er bei einer Baustelle vorbeikommt? Auch ein Pfarrer nicht. Wenn aber an dem Haus, das da renoviert wird, eine Tafel angebracht ist und auf dieser Tafel werden nicht etwa Wohnungen angeboten, sondern eine „gute Kapitalanlage", das heißt hohe Verzinsung für das Geld der Anleger, dann kann zumindest einem Pfarrer schon der alte Jesaja einfallen. „Wehe denen, die Haus an Haus reihen, bis kein Platz mehr da ist und ihr allein Besitzer seid – mitten im Land." (Jes. 5/8)

Erstaunlich – bereits vor 2700 Jahren ist der Prophet Jesaja gegen die Häuser- und Bodenspekulation aufgetreten – und das im Namen Gottes. Für Jesaja steckt im ausbeuterischen Umgang mit Geld eine Form der Gotteslästerung. Und so sieht er in den einschlägigen Spekulanten Gotteslästerer und damit Menschenverächter.

Sogenannte moderne, nachbiblische Leute sind durchaus bereit, dem großen alttestamentlichen Propheten recht zu geben, was seine, also die uralte Zeit betrifft, aber heute sei doch alles ganz anders. Die heutige Wohnungsfinanzierung – beziehungsweise -sanierung –, da ginge doch alles anständig zu. Das habe ich natürlich auch einmal pflichtgemäß geglaubt. Aber dann hat mir ein Ehepaar die Augen geöffnet.

Ein guter Freund, ein Finanzberater, hatte ihnen geraten, ihr Geld einer Finanzierungsgesellschaft anzuvertrauen. Das sei eine hervorragende Geldanlage. Sie haben ihr Geld auch dort angelegt. Aus purer Neugierde zuerst haben sie sich genauer informiert. Diese Finanzierungsgesellschaft saniert Althäuser. Dann wird der „Zins" enorm erhöht. Die Folge: Viele Mieter müssen ausziehen, weil sie sich so teure Wohnungen einfach nicht mehr leisten können.

Das Ehepaar war darüber sehr bestürzt: „Im Grunde ist es unsere Gewinnsucht, die diese Leute aus ihren Wohnungen vertrieben hat. Wir wollten zwar unser Geld gut anlegen, aber das haben wir nicht gewollt." Sie wollen übrigens demnächst ihr Geld zurückziehen.

Jesaja kann sich über seine späten Schüler freuen. Bleibt eigentlich nur noch zu wünschen übrig, daß sich in Zukunft immer mehr Österreicher und Österreicherinnen darum kümmern werden, was eigentlich durch das Geld geschieht, das sie gewissen Finanzierungsgesellschaften oder Banken anvertraut haben. Es ist eher schwer vorstellbar, daß sie mit all dem einverstanden sein werden, was da quasi anonym in ihrem Namen geschieht. Wehe dem ältesten Gewerbe.

Tierische Sprachkultur

Wenn Menschen einander beschimpfen oder wenn sie zärtlich miteinander reden, dann verwenden sie gern Tiernamen. Das war schon so, bevor sich der ländliche Proletarier David vorstellen konnte, König in Israel zu werden. „Mein Täubchen", „meine Gazelle", „mein Rehlein" – das ist genauso gut biblisch belegt wie „du Hund", „du Wolf", „du Fuchs", „du Esel" und „du Schlange".

Könnte man sich vorstellen, daß das umgekehrt auch so passiert? Nämlich, daß Tiere Menschenworte verwenden. Vielleicht sagt dann der Friedenstäuberich zum Friedenstäubchen: „Na komm her, mein Menscherl, meine kleine Sekretärin, meine holde Professorin, meine strenge Lehrerin, mein Hausfrauerl!" Und vielleicht antwortet ihm dann das Täubchen: „Ich liebe dich, du klaner Strawanzer, du Teilzeit-Hallodri, du süßes Männchen, du großer Star, du wilder Programmierer, du Flugkapitän meines Herzens!"

Und wenn das verliebte Täubchen auch noch fromm sein sollte, sagt es vielleicht noch zum Täuberich: „Du verwegener Kirchenbeitragszahler, du heißer Protestant, du kühner Kirchenvolksbegehrenunterschreiber!"

Aber eben nur „Vielleicht", denn natürlich reden Tiere nicht so miteinander. Denn Tiere reden gern positiv über Menschen.

Krokodil: „Ich finde es herrlich, daß es Menschen gibt. Das hat Gott in seiner Weisheit so wunderbar und vernünftig eingerichtet."

Löwe: „Ja, und sie schmecken so gut, diese Menschen!"

Krokodil: „Das glaub' ich. Da hab' ich übrigens gestern einen Minister gefressen. Ich sag' dir – ein Gedicht."

Löwe: „Geh, einen Minister. Ein durchtrainierter Oppositionspolitiker oder eine zarte Grüne – das ist eine Delikatesse."

Wieder falsch. Natürlich schauen sich Tiere kein Menschenkabarett an. Die Krokodile haben noch keinen Qualtinger hervorgebracht. Und bei den Löwen gibt es keinen Mini-Bydlinski. Tiere erzählen einander auch keine Menschenwitze. Und „Du Mensch" ist bei ihnen keine Beschimpfung. Man könnte eigentlich eine ganze Menge bei den Tieren lernen – nicht nur in Wahlkampfzeiten.

Adam durfte wenigstens noch schwitzen

Also Schweißgeruch – das ist heutzutage etwas ganz Arges. Wer schwitzt, stinkt. Und noch dazu nach Schweiß. Und den Schweiß einfach abwischen? Nein! So etwas konnte sich vielleicht die heilige Veronika erlauben und sich dabei sogar noch malen lassen. So etwas konnten sich im 20. Jahrhundert noch Louis Armstrong und Ella Fitzgerald erlauben. Aber alle anderen haben gefälligst nicht zu schwitzen, wenn sie etwas gelten wollen.

Wer schwitzt, kriegt Flecken im Ballkleid. Wer schwitzt, verliert politische Fernsehkonfrontationen. Wer schwitzt, ist schwach. Wer schwitzt, ist nur ein Mensch. Was ist das eigentlich für ein besonderer Saft, Schweiß? Die Wissenschaft definiert:

Das farblose, weitgehend geruchlose, salzig schmeckende Absonderungsprodukt der Schweißdrüsen. Verschiedene organische Substanzen im Schweiß entstammen dem Sekret von Duftdrüsen bzw. bakteriellen Zersetzungsprodukten. Sie ergeben zusammen mit Milchsäure und z. B. nach Knoblauchgenuß einen oft sehr unangenehmen Körpergeruch.

Religiös gesehen ist der Schweißgeruch ein melancholisch-theologischer Geruch. Denn er erinnert die Menschen ständig daran, daß sie aus dem Paradies vertrieben worden sind.

Als Gott das erste Menschenpaar aus dem Paradies hinausschmeißt, sagt er zu Adam: „Im Schweiße deines Angesichtes sollst du dein Brot essen." Wohlgemerkt: Gearbeitet haben Adam und Eva auch im Paradies. Aber jetzt – außerhalb des Paradieses – ist alles sehr kompliziert und „sinowatzisch" geworden, und vor allem eine Riesenplag'. Aber zum Unterschied von heute durfte Adam wenigstens nach Herzenslust schwitzen und stinken. Und Eva hat ihn trotzdem geliebt – und seinen herb-männlichen Bocksgeruch als Aphrodisiacum genossen.

Heute dürfen Adam und Eva nicht einmal mehr schwitzen – weil das die Päpste einer „Parfumeriekirche" so beschlossen haben. Und Adam kauft den Körpergeruch im Geschäft, den Eva heuer von ihm erwartet. Und im übrigen wissen sie längst, daß sie nicht mehr die Nachfahren von theologisch „Heimatvertriebenen" sind. Denn was man nicht mehr riechen kann, das gibt es nicht mehr.

Was macht die Lasterhaften so sympathisch?

Da gibt es Leute, die werden von den Folgen ihrer Sünden aus dem Schlaf geholt. Das sind die Zeitgenossen und Zeitgenossinnen, die – um es mit den Worten eines Barockpredigers zu sagen – zuviel gefressen, gesoffen, scharwenzelt und geraucht haben. Gewisse „Zuständ" am Morgen, bringen Kummer und Sorgen.

Ein Spezialfall sind die Raucherhustenbesitzer – sie „bellen" sich selbst erfolgreich aus dem Schlaf. Und sie werden nicht etwa mit einem „Guten Morgen" begrüßt, sondern der pharisäische Mensch da im Nebenbett brummt nur: „Siehst du, das hast du davon, weil du gestern wieder zu viel geraucht hast. Hab ich dir nicht schon 100mal gesagt …?" So viel Selbstgerechtigkeit kann die Betroffene nur in neuerlichem Husten ersticken.

Was aber der Raucherhusten mit der Religion zu tun hat, das verdanke ich einer Expertin auf diesem Gebiet – die sonst eher nichts mit Religion auf dem Hut hat. „Mir sind Leute mit Raucherhusten sympathisch", hat sie gesagt. „Mir sind überhaupt Leute sympathisch, bei denen man merkt, daß sie Laster haben." „Und was macht die Lasterhaften so sympathisch?", wollte ich wissen. Und die bemerkenswerte, eben religiöse Antwort: „Menschen mit Lastern machen sich nichts vor. Sie wissen genau, wie unvollkommen sie sind. Und darum halten sie sich nicht für besser als andere Leute. Lasterhafte Menschen haben Verständnis für ihre Mitmenschen. Sie sind freundlich und angenehm."

Fast mit den selben Worten hat das vor mehr als 1000 Jahren ein griechischer Theologe und Kirchenvater gesagt: Die Sünder verstehen oft mehr von Nächstenliebe als die moralisch Vollkommenen!

Da wird der Raucherhusten gleich zum lieblichen Geräusch. Denn, wer husten kann, kann auch lieben.

Widerstandskultur

„Gottes Wort muß Widerstand haben", hat der Schweizer Reformator Ulrich Zwingli aufgrund seiner Lebenserfahrung gesagt. „Gottes Wort muß Widerstand haben, damit man seine Kraft sieht. Wenn ein Pfarrer nur leisetritt und süß schwatzt, geht alle Gerechtigkeit und Freiheit zugrunde. Ich habe alle meine Anfeindungen daher, daß ich kämpfe: gegen Raub, Krieg und Gewalt!" Man höre und staune: Der Glaube hat aus diesem Mann keinen nachgiebigen Dulder gemacht, sondern eine Art Widerstandskämpfer.

Als Widerstandskämpfer „aus Glauben" hat Zwingli eine Art „heiligen Zorn" entwickelt, der dem großer biblischer Vorbilder vergleichbar ist. Man denke etwa an die flammende Rede des Propheten Jeremia im Jerusalemer Tempel – nicht auszudenken, was wohl einem heutigen katholischen Propheten zustoßen würde, hielte er in der römisch-katholischen Peterskirche zu Rom eine vergleichbare Predigt. Oder welche „klerikalen Tische" würde Jesus heute umwerfen?

Ja, Zwingli hat aus dem Wort Gottes eine Widerstandskultur entwickelt. So ist eine besondere geistliche Tradition entstanden, um die wir Österreicher die Schweizer nur beneiden können.

Schon der kleine Österreicher lernt durch lebende Vorbilder, wie er sich in Konfliktsituationen verhalten soll: nur net auffall'n; ja sagen, oder höchstens „jein"; nur kein Spielverderber sein, auch wenn es sich um „böse Spiele" handelt; nur nix riskier'n. So denkt sich schon der kleine Österreicher seinen Teil und läßt die anderen reden, und erst recht Widerstand leisten.

Es ist ein problematisches Erziehungsideal, das schon den kleinen Österreicher formt. Denn er wird ja weder als „Schwanzeinzieher" noch als Opportunist geboren. Jedes Kind verfügt sogar über ein angeborenes Widerstandspotential: die kindliche Lust am Neinsagen und Widersprechen; der Reiz, nicht zu folgen; eine oft unbändige Diskutierlust; die Phantasie der 1000 Ausreden.

Diese wunderbaren Anlagen werden den Kindern normalerweise ausgetrieben. Wo sind die Eltern, Erzieher, die das natürliche Widerstandspotential der Kinder veredeln und kultivieren?

Heutzutage fragt man gern, warum die Österreicher seinerzeit keinen Widerstand geleistet haben. Ja, wie hätten sie denn sollen, nachdem man ihnen schon im zartesten Alter jede Widerstandsneigung ausgetrieben hat? Wer hierzulande von einer Widerstandskultur träumt, der sollte nicht nur ihre religiösen Wurzeln erforschen, sondern mit der Erziehung zum Widerstand beginnen.

Christliche Astrologie

Hört, ihr Widder-Menschen! Euer Sternzeichen ist das klassische Opfertier. Darum sorgt dafür, daß eine Welt entsteht, die keine Opfertiere und Menschenopfer mehr braucht. Euer Lebensmotto lautet: „Ich bin."

Hört, ihr Stier-Menschen! Hört endlich auf, um das goldene Kalb zu tanzen. Für eure nie erlahmende Kraft und Ausdauer gibt es bessere Ziele. Euer Lebensmotto lautet: „Ich habe."

Hört, ihr Zwillings-Menschen! Zwei Seelen wohnen, ach, in eurer Brust. Wer wird die Oberhand behalten? Esau oder Jakob oder das Linsengericht? Erkennt endlich, wer ihr wirklich seid. Euer Lebensmotto lautet: „Ich denke."

Hört, ihr Krebs-Menschen! Euer Sternzeichen ist der schlaue, sensible Einsiedlerkrebs. Darum tut alles, daß es wieder eine Chance für Gefühle, für die Seele, für das Schöne und Zarte gibt. Euer Lebensmotto lautet: „Ich fühle."

Hört, ihr Löwe-Menschen! Euer königlicher Stolz ist sprichwörtlich geworden. Aber vergeßt nicht: auch der Teufel geht umher wie ein brüllender Löwe. Euer Lebensmotto lautet: „Ich will."

Hört, ihr Jungfrau-Menschen! Jesus hat das Gleichnis „von den fünf klugen und den fünf dummen Jungfrauen" erzählt. „Jungfrau" allein sagt also noch gar nichts. Euer Lebensmotto lautet: „Ich analysiere."

Hört, ihr Waage-Menschen! Euer Sternzeichen ist ein Symbol für die Gerechtigkeit und das Weltgericht. Darum überprüft jede Waage und jeden Richter. Euer Lebensmotto lautet: „Ich gleiche aus."

Hört, ihr Skorpion-Menschen! Euer Sternzeichen gilt als der Inbegriff des Unberechenbaren, Grauslichen und Giftigen in der Welt. Darum tut alles, damit unsere Welt und unser Leben nicht vergiftet wird. Euer Lebensmotto lautet: „Ich erschaffe."

Hört, ihr Schütze-Menschen! Die klassische Astrologie hält euch für große Idealisten. Darum seht zu, wen eure Pfeile treffen. Euer Lebensmotto lautet: „Ich sehe."

Hört, ihr Steinbock-Menschen! Das Alte Testament betont ausdrücklich, daß der Steinbock koscher ist. Also gebt euch Mühe, „genießbare" Menschen zu werden. Euer Lebensmotto lautet: „Ich benutze."

Hört, ihr Wassermann-Menschen! Euer Sternzeichen steht für den Beginn eines neuen Weltzeitalters. Das sollte man euch ansehen. Euer Lebensmotto lautet: „Ich weiß."

Hört, ihr Fische-Menschen! Mit zwei Fischen und fünf Broten hat Jesus 5.000 Leute satt gekriegt. Könnt ihr vielleicht noch größere Wunder vollbringen. Euer Lebensmotto lautet: „Ich glaube."

Ich wünsche Ihnen ein gutes neues Jahr.

Schönheit kommt aus der Parfümerie

Schönheit kommt aus der Parfümerie, schreien die Werbeplakate. Und deshalb ist Kosmetikerin ein schwieriger Beruf. Schönheit kommt aus der Parfümerie, also pilgern Weiblein und Männlein zum Tempel der Schönheit, wo Priesterinnen der Schönheit die Schiachen schön machen – oder nur ein bißchen weniger schiach?

Schönheit kommt aus der Parfümerie, und da kommen sie alle daher mit ihren Gesichtern, in denen alles geschrieben steht: Angst und Schmerz, Enttäuschung und Bitterkeit, Gier und Frustration, Sattheit und unbegründeter Stolz. Und sie alle sagen: „Mach uns schön, Priesterin! Mach uns jung, Priesterin! Daß man die Bitterkeit nicht im Gesicht sieht – und die Gier, und die Leere." Wird die Maske halten? Darf die Kosmetikerin zugeben, daß sie nicht zaubern kann? Und die gläubigen Schönheitsanwärterinnen – was müssen sie erlebt haben, daß sie ausschauen, wie sie ausschauen?

Schönheit kommt aus der Parfümerie. Das ist die Stunde der Versuchung für die Kosmetikerin. Denn die Menschen wollen ihr Gesicht verändern. Sich selbst, ihr Herz, ihre Seele – wollen sie nicht verändern. Sie wollen nur gut aussehen, aber gut sein? Obwohl sie längst wissen, daß glückliche Menschen schöner sind.

Schönheit kommt aus der Parfümerie. Also spiel „den lieben Gott", „die liebe Göttin", Kosmetikerin, oder tu wenigstens so. Behandle die Unzufriedenen mit Salben. Gib der Megäre zarte Jugend, verleih dem Playboy Frische, forme Charakterköpfe aus Tränensäcken und Doppelkinn.

Schönheit kommt aus der Parfümerie. Hat die „Parfümeriekirche" Angst vor Ketzereien: „Wer eine ‚gute Haut' ist, hat auch eine gute Haut – die Wimmerln kommen von der Seele."

Schönheit kommt von der Parfümerie. Und darum ist Kosmetikerin ein faszinierender Beruf. Sie hilft einem Menschen, das Göttliche, das unverwechselbar Einmalige in seinem Gesicht zu entdecken, wieder zu entdecken. Seine Einzigartigkeit zu „zer-schminken" ist Sünde. Denn, wer keine Seele hat, hat kein Gesicht.

Die sieben Todsünden revidiert

„Der heilige Geist verwandelt die Menschen", sagen Christen und wissen dazu viele biblische Geschichten. Aber kann man die Menschen überhaupt verändern? Können sie es vielleicht selbst, vorausgesetzt, sie wollen?

Der Wiener Barockprediger, Abraham a Sancta Clara, war da eher skeptisch. Als erfahrener Seelsorger fragt er: „Wer kann schon bekehren? Einen Österreicher vom Saufen, einen Schweizer vom Rauchen, einen Böhm vom Betrügen, einen Steirer vom Lügen ..."

Pater Abraham wußte aus Erfahrung, daß sich viele Menschen in ihren Sünden so richtig sauwohl fühlen. Deshalb hat er die Sündenfreude der Wiener angeprangert. Vor allem hat er gegen die sieben Todsünden gepredigt und gewettert: Geiz, Neid, Stolz, Trägheit, Wollust, Völlerei und den Zorn.

Diese Sünden gibt es natürlich auch heute. Und es ist immer noch sehr gut, wenn die Menschen diese Sünden loswerden können. Aber gerade dann spürt man wohl, daß das heutzutage viel zu wenig ist.

Alte Sündenlehren haben ihre Aufmerksamkeit dem Verhalten des (der) einzelnen Sünders (Sünderin) gewidmet. Er (Sie) sollte – für sich isoliert genommen – das Verhalten ändern und von der jeweiligen Sünde lassen. Dadurch hat man natürlich ganze Generationen von Heilsegoisten gezüchtet. Heutiges Sündenverständnis kann nicht mehr auf die soziale Dimension – und damit auf Nächstenliebe als christliches Lebensprinzip – verzichten.

Es genügt eben nicht, wenn einer nicht geizig ist. Er muß bereit sein, zu teilen. Es genügt nicht, wenn einer nicht mehr neidig ist. Er muß sich gegen eine Gesellschaft zur Wehr setzen, die mit ihrer Habgier gute Geschäfte machen will. Es genügt nicht, wenn einer nicht mehr hochmütig ist. Er muß etwas tun, um die Menschenwürde von Millionen von Menschen wiederherzustellen. Es genügt nicht, wenn einer nicht mehr faul ist. Er muß ein neues Verhältnis zur Arbeit aller Menschen bekommen.

Es genügt nicht, wenn einer persönlich keusch lebt: denn unsere Welt leidet an schrecklicher Lieblosigkeit. Es genügt nicht, wenn einer auf das „große Fressen“ verzichtet, und zwei Drittel der Menschheit hungern weiter. Es genügt nicht, wenn einer „beherrscht“ bleibt. Findet er sich wirklich mit dem Leid der anderen ab?

Die alten Todsünden haben eine Einzelseele getötet. Die „neuen“ Todsünden könnten die Menschheit vernichten.

Xanthippen machen

Hinter jedem berühmten Mann steht eine Frau. Ohne diese Frau wäre dieser Mann nie berühmt geworden. Diese Frau ist seine Managerin und persönliche Betreuerin. Sie versorgt ihn ganz und gar, räumt ihm alles aus dem Weg, hält alles Störende von ihm fern – und das alles ohne Murren und in ständiger Fröhlichkeit. Sie ist nicht nur dankbar für diese Rolle, sie spielt sie meist unbemerkt von der Öffentlichkeit. So will es jedenfalls das Klischee. Und in den USA soll es ja diese Spezies von Wunderweib mehrfach geben.

In europäischen Gefilden scheint es eher eine recht undankbare Rolle zu sein, die Gattin eines bedeutenden Mannes zu sein. Ahnfrau aller frustrierten Prominentengattinnen ist Xanthippe, die Frau von Sokrates. Sie gilt bis heute als Erfinderin der Zanksucht, als das böse und streitsüchtige Eheweib schlechthin, als Eheteufel, der dem philosophischen Gesponsen das Mitleid über Jahrtausende gesichert hat. Diese üble Nachrede verdankt Xanthippe übrigens dem griechischen Schriftsteller Xenophon, einem Schüler des Sokrates.

Wahrscheinlich ist Xanthippe nicht einmal verleumdet worden. Aber wer fragt schon, wie sie zur Schutzheiligen aller Ehedrachen geworden ist? Sicher war sie zuerst eine liebenswerte Frau. Xanthippe – auf deutsch „blondes Pferdchen" – klingt ja fast wie ein Kosename. Bestimmt hat sie ihren Sokrates zärtlich geliebt. Aber er – der große Philosoph – hat sie bald zum Haustrampel gemacht. Er hat mit seinen vornehmen Zöglingen geistreich diskutiert, und sie konnte nachher den Dreck wegputzen.

Seit dieser Zeit sind viele Prominentengattinnen „xanthippisiert" worden. Luthers Ehefrau Käthe gehört wahrscheinlich auch dazu.

„Sanftes Frauerl wurde Xanthippe: Jetzt will Ehemann Schadenersatz" stand vor einiger Zeit in einer Tageszeitung zu lesen: Wegen „grober Täuschung" war eine Ehefrau von ihrem Gemahl verklagt worden. Vor der Ehe sei die Dame ein „sanftes anschmiegsames Frauerl" gewesen. Unter den Bedingungen der Ehe hätte die Gattin des bekannten Anwalts aber ihr „wahres Gesicht" gezeigt, und dieses wahre Gesicht soll äußerst schiach gewesen sein.

Und wie viele „Xanthippen" werden gerade jetzt von prominenten Naivlingen angefertigt? Übrigens scheint Xanthippe doch eher eine liebe, brave Ehefrau gewesen zu sein. Denn der Überlieferung nach soll sie die Marmelade erfunden haben. Und wer selber Marmelade einkocht, hat noch selten aufgemuckt – oder vielleicht gerade deshalb?

Die erste Grapscherin

Gegrapscht wird, seit es Menschengruppen gibt, denen die gesellschaftliche Konvention nicht zugesteht, sich dagegen zu wehren. Aber während der einfache, gemeine Grapscher von seinem Opfer als eine Art schicksalhafte Lebensbeeinträchtigung hingenommen wird, entrüsten sich doch Sitte, Moral und Religion, wenn sich derlei in „höchsten Kreisen“ abspielt. Konkret: Wenn ein Minister in die „Grapsch-Connection“ involviert ist.

So hat sich der erste „aktenkundige“ Fall dieser Art vor zirka 3.000 Jahren in Ägypten zugetragen. Die Personen der Handlung sind ein Minister, seine Frau und ein begabter junger Mann aus dem Ausland. Besagter junger Mann hat im Hause des Ministers ganz klein angefangen. Aber da er sehr tüchtig war, hat er es in kurzer Zeit zum nächsten Vertrauten des Ministers gebracht. Der Minister übertrug ihm die Verwaltung aller seiner privaten Angelegenheiten und machte ihn zu seinem Sekretär. Also für einen ausländischen Sklaven eine geradezu märchenhafte Karriere. Denn das muß noch nachgeholt werden, daß der junge Mann ein Sklave war, den man nach Ägypten verkauft hatte. Und Sklaven im Staatsdienst zu beschäftigen, hat den alten Ägyptern praktischerweise die Beamtengewerkschaft erspart. Der Ministersekretär und „Sklave“ war aber auch ein sehr schöner und attraktiver Mann. „In dieser Eigenschaft“ mußte er zwangsläufig die Aufmerksamkeit der Gattin des Ministers Potiphar erregen.

Die hohe Herrin dachte sich, es könne doch keine Schwierigkeit bestehen, einen schönen Sklaven zu vernaschen, und sagte ihm auch befehlsgewohnt: „Schlaf mit mir!“ Und als der unverschämte Kerl nicht parierte, legte sie eines Tages Hand an ihn. Der „Kerl“ konnte ihr zwar entfliehen, aber sein Obergewand blieb in ihrer Hand zurück. Und in ihrer Enttäuschung schreit sie das ganze Haus zusammen und versteht es auch ihrem Mann einzureden, daß der Sekretär versucht hätte, sie zu vergewaltigen. Der „Sklave“ war chancenlos, er landete im Gefängnis (1. Mose 39).

Jetzt sind wohl die Tage vorbei, wo die Grapscher und Grapscherinnen ihr Opfer ins Gefängnis bringen können. Aber sie sind immer noch darüber empört, daß diese Gegrapschten ihre ganz harmlosen Sympathiebezeugungen in so boshafter Weise mißverstehen.

Die Schönen und die Schiachen

„Wer zur Sünde verführen will, muß schön sein", sagt Luther in seinen Tischreden. Und er beweist diesen Satz auch gleich mit der Bibel: „Was meint ihr zu der Schlange, die als das schönste Geschöpf mit Eva gescherzt hat? Sie ist ihr ganz freundlich auf dem Schoß gesessen, denn die Schrift sagt, daß die Schlange listiger gewesen ist als alle Tiere auf Erden. Darum war sie freundlicher und holdseliger als alle anderen Tiere, wie noch heutzutage ihr Krönlein und ihr dreischneidiges Zünglein verrät."

Wer zur Sünde verführen will, muß schön sein. Luther war also überzeugt, daß die Schlange im Paradies sehr schön war. Sonst hätte sie den Adam gar nicht verführen können. „Für den lieben Adam war die Schlange schöner als alle anderen Tiere. Durch sie hat der Teufel seine Kunst gezeigt, wie er sich denn immer gern schmückt: denn wer zur Sünde reizen will, muß schön sein."

Da atmen jetzt die „Schiachen" erleichtert auf. Denn nach Luther können sie gar nicht zur Sünde verführen, weil sie eben schiach sind. Nur freuen sich jetzt die eher häßlichen Leute wirklich darüber, daß sie der Teufel nicht für seine Verführungskunststücke gebrauchen kann? Könnten sie jetzt beten: „Danke, lieber Gott, daß du mich nicht so schön geschaffen hast. Dadurch ist mir viel erspart geblieben. Mit meinem Gesicht werde ich niemanden verführen."

Wollte Gott, sie würden wirklich dankbar dafür sein, „daß ein einfältiger Bauer, ein ungelehrter Mann oder eine häßliche Magd, ein unflätiger Sack niemand zu Ketzerei, Geiz, Hurerei, Menschenverachtung oder Stolz reizen wird". Nur leiden sie ja eher darunter, diese Madensäcke und -säckinnen, denn sie wären ja auch so gern erfolgreich wie die Schlange im Paradies.

Aber – wehe euch, ihr lieblichen Mädchen und Fräulein, ihr feschen Bübchen und sportlichen Boys. Wehe euch, ihr eleganten Damen in Schmuck und Seide, ihr Manager im kostbaren Outfit.

Wehe euch, ihr bodybewußten Greise und Greisinnen, mit dem ewig sonnengebräunten Antlitz. Wehe euch, ihr schönen Teufelsbraten. Wehe euch ihr schönen Damen und Herren in aller Öffentlichkeit, ihr werdet eure Schönheit noch verwünschen. Denn ohne euch kann der Teufel nichts tun.

Jetzt könnt ihr natürlich böse und beleidigt sein und eure Schönheit verstecken oder gar leugnen. Da sagt doch lieber dem Teufel ein kräftiges Lebewohl und „Apage Satanas". Ja furzt dem Teufel ins höllische Gesicht, wie es der Dr. Luther getan hat. Denn so seid ihr die lieben Kinder eures Vaters im Himmel.

Jesus als Kasperl

Die Religion hält es, scheint's, in der Kirche allein nicht aus. Und so treibt sie sich überall herum. So trifft man sie oft dort, wo man am wenigsten mit ihr gerechnet hat, z. B. im Wiener Prater. Mitten unter all den Ringelspielen, Glücksspielhallen, Schießbuden und Würstelbuden gibt es einen Ort, wo jedes Wochenende ein paarmal das Böse besiegt wird: Das Kasperltheater.

Und es ist ganz typisch, daß das Kasperltheater als eine Inszenierung für Kinder gilt. So als sei der Sieg des Guten über das Böse eine kindliche Illusion. Aber die lieben Erwachsenen wissen schon, warum sie mit den Kindern ins Kasperltheater gehen. Zuerst einmal sicher, weil sich Kinder hier gut unterhalten, lachen und weinen und halt so richtig mitgehen.

Aber dann: der Kasperl, der versteht eben die Kinder. Wie der mit ihnen reden kann. Eltern, Lehrer und Pfarrer könnten da direkt neidig werden.

Und was die Kinder dem Kasperl alles zutrauen. Jeder Pfarrer kann glücklich sein, wenn ihm seine Gemeinde so vertraut wie die Kinder dem Kasperl.

Wenn das böse Krokodil ein Kaninchen fressen will, dann rufen die Kinder nur „Kasperl", und schon kommt er und haut dem Krokodil eins auf die Schnauze. Wenn der böse Räuber die Prinzessin entführen will, dann rufen die Kinder „Kasperl". Und schon …

Wenn der Teufel die Gretl verführen möchte, dann rufen die Kinder nur „Kasperl", und schon sorgt der dafür, daß das längst dressierte Krokodil dem Teufel den Kopf abbeißt.

Ist es dann ein Wunder, daß die geistliche Dichtung den „Retter" Kasperl einen „Jünger Christi" genannt hat?

Und der Herr Kestranek hat nach einem Kasperltheaterbesuch zu seiner Frau gesagt: „Die Kinder haben's gut. Aber wen können denn eigentlich wir zu Hilfe rufen, wenn der Teufel kommt?"

Da Herrgott und 's Bummerl

„Ana (einer) hat immer das Bummerl. Ana muß immer verlieren." Das singt man gern bei uns in Wien. Auf der AKM-Liste steht dieses „theologische Wienerlied" ganz oben. Und wenn es beim Heurigen gesungen wird, dann bricht unter den Gästen eine nahezu brünstige Religiösität aus.

„Ja, so ist es!" Und so mancher erinnert sich, was er schon alles durchgemacht hat. Oder noch lieber: was ihm erspart geblieben ist. Weil er – Gott sei Dank – net „ana" sondern „a anderer" ist.

Der Herrgott der Wiener scheint ein recht fataler Herr zu sein, wenn man einem anderen bekannten Wienerlied glauben darf. Und dieses Wienerlied ist ja fast ein gesungenes Glaubensbekenntnis:

„Wenn der Herrgott net will, nutzt es gar nix. Schrei net um, bleib schön stumm, sag, es war nix. So wars immer, so bleibt es für ewige Zeit, einmal obn, einmal unt, einmal Freud, einmal Leid. Wenn der Herrgott net will, nutzt es gar nix. Sei net bös', net nervös, denk, es war nix. Renn nicht gleich verzweifelt und kopflos herum, denn der Herrgott weiß immer, warum."

Ja so ist das eben. Man muß sich halt abfinden mit dem Leben, so wie es ist. Oder es wenigstens versuchen. Oder wenigstens so tun, als ob man es so tät. Vor allem die anderen sollen schauen, daß sie das zusammenbringen.

Eigentlich nicht sehr tröstlich, diese Heurigenfrömmigkeit. Aber den Wienern gefällt dieser Heurigenherrgott. Obwohl er alles vorherbestimmt, und die Menschen gar nichts dagegen tun können – net amal beten. Und wenn sie diesen Herrgott, der nichts ändern will, besungen haben, ist ihnen sogar viel leichter, den Wienern.

Und darum träume ich von einem neuen Lied: vom wirklichen Herrgott, von dem, der mit den Menschen eigentlich nur gute Absichten hat. Und der seinen Jesus auch genauso hat reden lassen. Da kommt nichts vor von „sich abfinden" und so, da wird nicht vertröstet.

Der jesuanische Herrgott hat nicht zu den Kranken gesagt: „Ich werde euch schon die Kraft geben, daß ihr es aushalten könnt mit eurer Krankheit!", sondern er hat sie einfach gesundgemacht. Und den Geist von den „Verruckten" hat er wieder z'rechtg'ruckt. Ja sogar ein paar Tote hat er aufgeweckt. Und den Hungrigen hat er was zum Essen gegeben. Die Bibel ist voll von solchen Geschichten.

Der Herrgott von der Bibel will nicht, daß sich die Leute mit dem Leid abfinden, sondern, daß sie es abschaffen. Denn – wann's g'schiacht, wia's der Herrgott will, dann hat kana a Bummerl.

Lysistrata

Vor 2300 Jahren hatte die „Komödie" des großen Aristophanes, „Lysistrata", ihre Premiere in Athen.

Aristophanes war sich wohl – ähnlich wie Dürrenmatt – der Grenzen der klassischen Tragödie bewußt und hat deshalb den Irrsinn des Peloponnesischen Krieges als Komödie auf die Bühne gebracht. Hier konnten die athenischen Zeitzeugen die Bewältigung ihrer politischen Gegenwart in satirischer und zugleich surrealistischer Weise erleben. Denn das Publikum hat verläßlicherweise ein falsches Bewußtsein, es lebe die Bewußtseinsbildung auf den Brettern, die die Welt korrigieren wollen.

So wollte Aristophanes mit seiner Lysistrata, der „Heerauflöserin", die Friedenssehnsucht der Athener schüren.

So läßt der Dichter die Frauen von Hellas unter der Führung der Athenerinnen eine Art Frauenbewegung gründen, die ein höchst wirksames Mittel zur Erzwingung des Friedens zu haben meint: alle Frauen des Landes sollen so lange in den Liebesstreik treten, bis ihre Männer bereit sind, endlich Frieden zu schließen. Die Frauen sind zwar über eine aus politischen Gründen verordnete Enthaltsamkeit nicht gerade begeistert, doch gelingt es Lysistrata durch ihre „Predigt" beziehungsweise mit Hilfe eines Orakelspruches – Friedenspolitik scheint seltsamerweise immer metaphysische Prothesen zu brauchen –, die Frauen solange für sexuelle Enthaltsamkeit zu motivieren, bis die Männer Frieden schließen.

Übrigens: die von Aristophanes vorgesehene Kostümierung der Männer sorgte dafür, daß den Zuschauern die Not der Hellenen ständig vor Augen war: riesige Lederphalli, die den Darstellern der Männer lüstern und melancholisch zugleich vor den Bäuchen baumelten.

Leider war dem antiken Appell „Make love not war" – kein Erfolg beschieden. Der Mißerfolg ist auch der „Komödie" des Aristophanes treu geblieben. Von wenigen Ausnahmen abgesehen ist sie erst im 19. Jahrhundert wieder aufgeführt worden. Und wenn man sie aufgeführt hat, dann natürlich „zensurfreundlich", das heißt ohne Lederphalli: aus „Schicklichkeitsgründen", wie man Kindlers Literaturlexikon entnehmen kann.

Es scheint das Geschick der Menschheit zu sein, daß sie die Werkzeuge des Krieges „schicklicher" auf der Weltbühne empfindet als die Werkzeuge der sexuellen Liebe. Und darum tritt Lysistrata heute erst gar nicht in den Liebesstreik, denn sie hat natürlich ihren Freud gelesen und weiß, daß einer nekrophilen Weltpolitik alle Friedensbemühungen wie ein laszives Ansinnen vorkommen müssen.

Womit haben die Kinder eigentlich 1945 gespielt?

Wer den Anblick eines Kindes gewohnt ist, das frustriert auf einem Berg von Spielsachen sitzt, kann sich wahrscheinlich gar nicht vorstellen, daß die Geschäfte leer sind und man gar kein Spielzeug kaufen kann.

Womit haben die Kinder nach 1945 eigentlich gespielt? Damals haben viele Eltern und Kinder entdeckt, daß man sich auch selber Spielsachen basteln kann.

Was für schöne Sachen kann man aus leeren Konservendosen machen. Schiefertafeln gab es keine, aber man konnte mit Kreide auf dem Kasten schreiben. Puppen und Puppenkleider konnte man zeichnen und ausschneiden. Baukästen gab's keine, aber man konnte ganze Städte aus gewöhnlichen Steinen und bemalten Holzstückchen bauen. Gliederpuppen blieben ein Wunschtraum, aber selbst gemachte Fetzenpuppen waren viel beweglicher und schier unverwüstlich. Kartenspiele waren auch Mangelware, aber selbstgemachte Spielkarten aus Pappendeckel taten es auch. Und mit dem Fetzenlaberl erlebte man Ländermatchatmosphäre.

Und für die Kinder auf dem Land gab es das, was man heute „Bio-Spielzeug“ nennen würde. Schöne Gebilde aus Ästchen, Gräsern, Eicheln, Federn, Hölzchen und Steinen. Und aus Blättern und Tannenzapfen machte man Männchen und Tierfiguren. Kastanien und Moos waren eine Wonne für jeden jugendlichen Künstler. Und jeder Bach lädt ein, ein Wasserrad zu basteln.

Selten sind Kinder so kreativ und so voller Ideen gewesen. Wäre da nicht eine Wiederentdeckung fällig?

Und erst „Robinson spielen“: Hütten bauen aus Zweigen und Rinde, Pfeil und Bogen schnitzen und ein Pfeiferl oder eine Flöte aus einer Haselnußstaude. Und hutschen konnte man sich auf einem Baumstamm oder auf einem Brett, das man mit zwei Stricken an einem Ast befestigt hatte.

Heute spielen viele Kinder allein in der Wohnung. Früher haben sie viel im Freien gespielt: Im Park, auf der Straße. Großeltern erinnern sich gern an Tempelhupfen und „Servieren“, Versteckenspielen – „Wer schaut ein?“ – Fangerlspielen und „Leo“.

Wie spannend waren erst Theater- und Zirkusspiele. Und Volkstanzen war nicht unbedingt ein „bräunliches“ Vergnügen.

Eigentlich bemerkenswert: je weniger Spielsachen Kinder haben, desto sozialere Spiele spielen sie. Es hat scheint's auch für das Spielen eine gute alte Zeit gegeben.

Mit Ringel und Freud im Prater

Wer sonst sollte sich in einer Kirche aufhalten, wenn nicht die Religion? Kein Mensch wundert sich, daß er die Religion trifft, wenn er in eine Kirche geht. Das ist ja wahrscheinlich auch der Grund, warum manche Leute bewußt keine Kirche betreten. Sie wollen eben mit der Religion nichts zu tun haben und wiegen sich in der falschen Sicherheit, daß die Religion nur in steinernen „Käfigen" anzutreffen sei.

Nur – die Religion hält sich nicht an ihr kirchliches Quartier, ihr ist es – auch wenn das ihren beamteten Konservatoren und Bewachern gar nicht schmeckt – in den Kirchen oft genug viel zu eng und düster gewesen. Und so treibt sie sich eben überall herum. Man ist eigentlich nirgends vor ihr sicher. Man trifft die Religion oft dort, wo man am wenigsten mit ihr gerechnet hätte – zum Beispiel bei einem Herbstspaziergang im Wiener Prater.

Nur gibt sich die Religion im Prater natürlich nicht so leicht zu erkennen. Sie läßt Luftballons fliegen, lacht laut. Kein Mensch erkennt sie in diesem Zustand. Und mitten in diesem bunten Treiben kann man einen „Blick ins Jenseits" machen, nämlich in der Geisterbahn.

Geisterbahn und Religion? Die Leute, die mit der Geisterbahn fahren, denken sicher nicht gleich an das Jenseits. Zuerst einmal geht es ihnen um den Kitzel, den Reiz, sich etwas Gruseliges anzuschauen. Man weiß schon vorher, daß man erschrecken wird, und fährt trotzdem mit.

Rasend geht die Fahrt durch die Finsternis. Und man weiß nie, wann sie aus dem Dunkel der Geisternacht hervorstoßen werden: alle diese Fledermäuse und Drachen, Teufel und Hexen, schauerliche Ausgeburten der Phantasie, böse Kobolde und Gespenster. Mitten im „lustigen" Prater verbringt man ein paar Minuten mit den uralten Gestalten, den Symbolen für die Angst des Menschen vor dem Leben und Sterben.

Was im Alltagsleben erfolgreich verdrängt worden ist – Träume, das Unbewußte – ist jetzt leibhaftig da; tanzt einen tollen Tanz, fährt einem über das gesträubte Nackenhaar und stöhnt und schreit, ja sogar der Teufel packt einen probeweise beim Krawattl! Gott sei Dank weiß die Geisterbahn einen Weg durch alle diese höllischen Schrecken.

Aber immerhin – man hat alles gut überstanden und merkt beim Weggehen – mit einem „gewissen" Lächeln – daß einem vom ersten Stock der Geisterbahn der Tod freundlich nachwinkt. Er hat die Sense weggelegt und ißt gerade ein harmloses Butterbrot, „Freund" Hein? Und ein „wissender" Bub: „Gelt Papa, jetzt schauen wir uns noch die Engerln an und fahren mit der Grottenbahn!"

Der Wiener Prater und die Religion

Wer um diese Jahreszeit in den Wiener Prater geht, freut sich auf eine schöne Herbstlandschaft, das Kastaniensammeln in der Hauptallee, auf Erholung und Vergnügen mit den Kindern. Aber wer rechnet schon damit, daß er im Prater der Religion begegnen wird? Die weiß man gut in der Kirche aufgehoben, um nicht zu sagen „eingesperrt". Aber vielleicht ist auch die Religion schon längst auf die Idee gekommen, sich einmal im Prater von den oft stillen und düsteren Kirchen zu erholen. Und so trifft man sie eben an Orten, wo man am wenigsten mit ihr gerechnet hat.

Mitten unter den Praterbuden, da wo es am lautesten zugeht, steht so eine Art Minimundus, ein kleines Abbild unserer Welt: ein Ringelspiel. Hier weiß sich der Praterbesucher zunächst einmal vor der Religion sicher! Jung und alt, die sich dem Ringelspielfahren begeistert hingeben, werden vermutlich eher „schwindlich", als daß sie hier philosophische Gedanken produzieren. „Schön ist so a Ringelspiel, des is a Hetz und kost't net vü", hat Hermann Leopoldi gesungen. „Immer wieder fahrt man weg, und dreht sich doch am selben Fleck. Man kann sagen, was man will: Schön is so a Ringelspiel."

Was den Verfasser des Buches „Prediger" (Kohelet) im Alten Testament – der Tradition nach der König Salomo – so deprimiert und resignativ hat werden lassen, der ewige Kreislauf der Dinge, das erleben schon die Kinder sehr positiv und lustvoll. Majestät hätten halt lieber Ringelspiel fahren sollen, dann hätten S' vielleicht auch ein lustigeres Büchel geschriebn!

Und warum ist so ein Ringelspiel schön? Ein altes Praterbuch aus dem Jahr 1935 gibt darauf eine eher sozialkritische Antwort: „Die Prunkkutschen, gezäumten Pferde, gesattelten Elephanten, venezianischen Gondeln, Lokomotiven, Autos und Luftschiffe sollen den sozial schlecht gestellten Schichten wenigstens im Spiel eine Illusion geben: ein reicher Adeliger, ein indischer Nabob zu sein, eine Luxusreise machen zu können, im Superauto zu reisen. Mit dem Straßenbahnringelspiel wollte niemand fahren" – erzählt Felix Salten in seinem Praterbuch – mit der Straßenbahn kann man ja sowieso jeden Tag fahren. Das Ringelspiel eine prophetische Vision von der gerechten Verteilung aller Güter? Jesaja im Prater?

Aber der Frau Millonig war wohl eher „salomonisch" zumute, als sie beim Anblick ihrer ringelspielfahrenden Enkerln vor sich hingemurmelt hat: „Des Ringelspielfahren erinnert mi ständig an mei Lebn. Allawäu gehst im Kras. Du kannst zwar aussteign, aber ändern kannst nix."

Das Riesenrad oder wie eine Kirche

Am Eingang des „Wurstelpraters" steht eine Metallkonstruktion, die nicht nur wegen ihrer 67 m Höhe an eine Kirche erinnert – das Riesenrad. Das Riesenrad schaut der aufgehenden Sonne entgegen wie die Hochaltäre der alten katholischen Kirchen. Seine Achse ist in der Ost-West-Richtung, das Rad schaut in die Nord-Süd-Richtung.

Freud und Leid haben sich das Riesenrad ausgesucht. Hochzeiten und andere Feste sind in seinen Waggons gefeiert worden. Wie von hohen Kirchtürmen sind Menschen in den Tod gesprungen. Artisten haben lebensgefährliche Bravourstückeln vorgeführt: z. B. um 1900 ist eine Madame Solange d'Atalide mit dem Pferd auf das Dach eines Waggons geritten und ist eine Umdrehung lang hoch zu Roß auf dem Waggondach stehen geblieben. Man stelle sich das einmal vor.

Aber es geht natürlich auch ohne babylonische Artistik. Ganz oben in luftiger Höhe hat man nicht nur einen schönen Ausblick auf Wien; man sieht diese Stadt so, wie sie Gott vor sich liegen sieht.

Filmkenner erinnern sich vielleicht an die berühmte Riesenradszene in dem Film „Der 3. Mann“: Harry Lime – ein Mann, der mit verfälschtem Penicillin handelt und so schuld am Tod vieler Kinder geworden ist – schaut von einem Waggon auf das Menschengewimmel da unten und fragt seinen Freund, der zögert, bei diesem Verbrechen mitzumachen: „Würde dich das stören, wenn plötzlich da unten ein Pünktchen weniger wäre?“ Hätte der Freund mit „Ja“ geantwortet, dann wäre das Riesenrad zur „Antikirche“ geworden. Das Riesenrad bringt's an den Tag in punkto Menschlichkeit. Oder wie die Frau Hofbauer gesagt hat: „Ich fahr' gern allein in einem Waggon; weil da heroben können mir alle Menschen g'stohl'n werden!“

Die Religion und der Zirkus

Nein, hier geht es nicht um jene schlechte Zirkusvorstellung, die die Religion oft gibt, wenn sie längst zur puren Kirchenpolitik degeneriert ist. Mit Zirkus assoziiere man gefälligst eine positive Inszenierung, letztlich jene, die man auf Grund wissenschaftlicher Arbeit in Jerusalemer Priesterkreisen „Schöpfung“ zu nennen pflegt; eine Vorstellung, von der Gott selbst recht begeistert war: Religion verfremdet, daß ihr die Faszination erhalten bleibt – glänzend und glitzernd, Lichter in allen Regenbogenfarben, Temperament und Sensibilität. Eine Welt, von der die großen und die kleinen Kinder träumen.

Hier finden die biblischen Wunder jeden Abend statt. Da gibt es Menschen, denen man ansieht, daß sie Gott nach seinem Bild geschaffen hat: denn sie springen, schlagen Räder, machen dreifache Saltos, fliegen durch die Luft wie die Vögel und machen wahnwitzige Jongleurkunststücke. Artisten, also Menschen, sportlich begabt wie die Engel, der Mensch ein potentieller Artist?

Aber Vorsicht – Jesus ist auch nicht vom Jerusalemer Tempeldach gesprungen, als ihn der Teufel zu diesem Glaubenskunststück provozieren wollte.

Menschen und Tiere agieren im Zirkus friedlich nebeneinander wie im Paradies und in der Arche. Hunde verstehen die Menschen. Menschen verstehen Löwen und Tiger. Daniel und Daniela in der Löwengrube?

Auch der Prophet Jesaja hätte sich verstanden gefühlt – und Franz von Assisi und Albert Schweitzer sitzen incognito am Manegenrand.

„Freiheit" heißt eine Pferdenummer. Es ist kein Zufall, daß eine Schweizerin diese Nummer vorführt: eine „calvinistische Zirkusnummer"! Religion und Freiheit gehören zusammen. Wer Menschen dressiert, ist ein Ketzer. Die Pferde tanzen den Exodus, und die Zuschauer spüren die Verlockung. Im Zirkus treten Menschen aus aller Welt in einer Manege auf. Hier gehört jeder dazu. Keiner wird ausgeschlossen, weil er so ist, wie er ist. Riesen und Liliputaner sind Partner.

Aber auch der Zirkus ist keine heile Welt. Clowns – in einem verrückt verfremdeten Priestergewand – spielen den Menschen ganz ungeniert deren Sünden vor: „Schaut nur her, so seid ihr!" Und die Zuschauer lachen „herzlich", weil sie noch nicht wissen, daß sie gemeint sind. Ein indirektes Sündenbekenntnis?

Oder frei nach Jesus: Wer über sich selbst lachen kann, dem wird vergeben. Tempo, Rhythmus, Tschinderassa und Trara – da geht es eben zu wie im Zirkus, und doch ein harmonisches Drunter und Drüber. Hier ist die Welt so bunt, wie sie sich der

Schöpfer vorgestellt hat. Droben, überm Zirkuszelt muß ein gütiger Vater thronen.

Vielleicht ist er sogar ein „allerhöchster Zirkusdirektor", und die Welt eine „riesige Zirkusvorstellung". Und die Engel applaudieren begeistert, wenn der „Chef" seine Menschen und Tiere vorführt. Wer schwach ist im Glauben, sollte schleunigst in den Zirkus gehen.

Gegen die religiöse Ozon-Verblödung

Zu wenig Ozon in der Höhe und zu viel Ozon in Bodennähe ist mit großer Wahrscheinlichkeit ein religiöses Phänomen. Denn es sind zweifellos irrationale Kräfte beziehungsweise Beweggründe, die die bestehende Ozongefährdung der Menschheit zu erhalten trachten, ja sie noch weiter steigern wollen. Denn rationales Denken und Forschen hätte nicht nur die Ursachen der Ozongefährdung ergründet, sondern wäre sofort daran gegangen, wissenschaftlich und politisch seriös dafür zu sorgen, daß diese Menschheitsbedrohung beseitigt wird.

Da aber die Gefahr allen bekannt ist, und trotzdem niemand an die Wurzel des Übels will, sind die Gründe dafür wohl in der Seele zu suchen: ein Unternehmen allerdings, das erst recht mit großem Widerstand zu rechnen hat, da die „Ozonpeople" die heilende oder verderbliche Urgewalt der Religion, die in den Tiefen der Seele lauert, unterschätzen oder gar leugnen. Wenn der Selbsterhaltungstrieb und ein vernünftiger Egoismus nicht mehr funktionieren, dann ist es höchste Zeit, den religiösen Notstand auszurufen.

Welche Art „Religion" fördert nun die Ozongefahr? Es ist jene Art „Religion", die die Wirklichkeit zugunsten einer Illusion aufgegeben hat, die sich lieber mit „Opium" betäuben will, als das Elend abzuschaffen. Alle kennen die Gefahr, aber die meisten von ihnen wollen sie nicht wahrhaben, leugnen oder verdrängen sie.

Eine Generation, die einen durch nichts gerechtfertigten Optimismus ihren Atomkraftwerken gegenüber eingeübt hat, hat in Hinblick auf die Ozongefahr ein weiteres Feld für ihren nekrophilen Leichtsinn gefunden. Eine Art pervertierter Heilsoptimismus verhindert längst fällige Maßnahmen.

Und die Reichen und Mächtigen, die sich's bisher noch richten konnten, hindert ihr „Glaube" einzusehen, daß die Sonne kein Ansehen der Person kennt. „Die Warnungen berühren mich nicht. Dieses Risiko gehe ich gerne ein", formuliert ein 24jähriger Wiener nach NEWS das „Ozon-credo" für alle anderen.

Die nekrophile Landschaft ist bunt: Und wenn die Werte noch so schlecht sind, sofort finden sich einige männliche Wissenschaftshuren, die Trost spenden: es sei kein Anlaß zur Besorgnis. „Wir müssen lernen, mit dem Ozon zu leben", sagen sie.

Das ist so geistreich, als hätte seinerzeit jemand gesagt: Wir müssen lernen mit Wanzen und Läusen, mit Typhus und Tuberkulose zu leben. Und ein Geschäft wird es erst werden: Der Einschmier-, Brillen- und Sombreroboom kommt bestimmt.

Was für ein antiquitierter Mensch da dieser Jesus von Nazaret gewesen ist. Hat er doch tatsächlich niemandem empfohlen, mit Krankheit, Hunger, Armut und Wahnsinn zu „leben", sondern alle diese Übel beseitigt. Der würde glatt die Ozongefahr auch abschaffen. Eine schreckliche Vorstellung.

Religion auf dem „Stillen Ort"

Wer denkt schon an Religion, wenn er aufs Klo geht. Obwohl dieses Kämmerlein immerhin auch den meditativen Namen „stiller Ort" hat – übrigens für viele der einzige Ort der Stille!

Aber natürlich denkt zuerst einmal niemand an Religion, wenn er aufs Klo geht.

Ja außer, man wird quasi mit der Nase darauf gestoßen, auf die Religion nämlich: wenn auf dem Wasserbehälter eine Spraydose mit der Aufschrift steht „Dem Nächsten zuliebe". Wird nur ein Theologe nachdenklich, wenn er derlei auf dem Klo vorfindet, oder fällt auch ein normaler Mensch der Besinnlichkeit anheim, wenn er hier – unerwartet, aber doch – der Nächstenliebe begegnet?

Und im Handumdrehen wird der „stille Ort" zum Meditationsort, dank der Spraydose mit der fromm-zweideutigen Aufschrift. So einfach kann Nächstenliebe sein, nämlich dafür zu sorgen, daß es gut riecht, wenn der Nächste diesen Ort heimsucht. Aber das ist offensichtlich nicht selbstverständlich, sonst würde es ja nicht extra auf der Spraydose stehen. Es scheint wirklich schwer zu sein, jemandem etwas zuliebe zu tun, gerade im Kleinen. Und die Kleinigkeiten sind es ja meist, die das Zusammenleben der Menschen fördern oder stören: vom Klo über das Telefonhüttl bis zur Straßenbahn, also auffälligerweise bei allem, was Menschen gemeinsam benützen.

Schon aus dogmatisch-ethischen Gründen tut es gut, der Nächstenliebe auch einmal auf dem Klo zu begegnen, in einer Zeit, wo sich die Nächstenliebe grundsätzlich und dauernd auf der ethischen Höhe der Bergpredigt aufhält, billiger gibt sie es derzeit nur ungern. Da muß es schon sozial und international zugehen.

Womit nicht gesagt sein soll, daß Probleme der Umwelt, des Rassismus und der Ausbeutung den „stillen Ort" verschont hätten. Aber vielleicht nützt der liebe Mitmensch die unerwartet gebotene Gelegenheit zur Kurzmeditation und denkt an die vielen Kleinigkeiten, die man dem lieben Nächsten antun kann.

Ergebnis so einer Meditation könnte ja immerhin sein, alles zu unterlassen, was „die Leut" dem lieben Nächsten „zufleiß" tun. Und „zufleiß" ist ein verräterisches Wort, zeigt es doch, daß die vielen kleinen Alltagsbosheiten eigentlich eine unnötige Fleißaufgabe sind. Und da Konkretionen bekanntlich lustfördernd sind, kann man ja ganz klein anfangen, zum Beispiel damit, „dem Nächsten zuliebe" guten Duft zu hinterlassen.

Denn Höllengestank zu hinterlassen, gehört bekanntlich zu den Wesensmerkmalen des Teufels.

Mißtrauen gegen Hundertprozentige

„Wenn man mit einem Politiker von guten Manieren und einiger Klugheit in eine Unterhaltung gerät, macht man meistens die überraschende, aber sympathische Entdeckung, daß er eigentlich gar nicht zu seiner Partei gehört." Dieser verblüffende Satz stammt von dem österreichischen Dramatiker Arthur Schnitzler.

Schnitzler hat damit etwas im besten Sinn Österreichisches ausgesprochen: nämlich die Skepsis des Österreichers gegen alle hundertprozentigen Vertreter einer bestimmten Politik, Interessengruppe oder Religion. Das geradezu grundsätzliche Mißtrauen also gegen jemanden, der glaubt, imstande zu sein, seine Überzeugung und nichts als seine Überzeugung zu vertreten. Besitzer einer ausschließlichen Heilslehre – mit dem Anspruch, eine Antwort auf alle Fragen zu haben – sind vielen Österreichern unsympathisch, ja unheimlich.

Oder, wenn man Schnitzlers Ausspruch in seinen positiven Konsequenzen sehen will: Die Klugheit und Einsicht eines Menschen, der einer bestimmten Politik, Interessensgruppe oder Religion angehört, besteht eben gerade darin, daß er seine eigene Überzeugung nicht absolut setzt.

Seine Klugheit zeigt sich gerade darin, daß er weiß, auf wie viele Fragen er keine Antwort hat; und daß er begriffen hat, daß die anderen ebenbürtige Denker und Praktiker haben. Oder wie der Lateiner sagen würde: Anima Austriaca naturaliter oecumenica – der Österreicher ist von Natur aus ökumenisch.

Schnitzlers Ausspruch auf die Christen angewandt müßte dann wohl lauten: Wenn man mit einem Protestanten oder Katholiken von guten Manieren und einiger Klugheit in eine Unterhaltung gerät, macht man meistens die überraschende, aber sympathische Entdeckung, daß er eigentlich gar nicht zu seiner Kirche gehört.

Auf der politischen Ebene bewahrheitet sich erfreulicherweise Schnitzlers Erkenntnis auch. Wenn man mit einem Sozialisten oder ÖVPler von guten Manieren und einiger Klugheit in eine Unterhaltung gerät, macht man meistens die überraschende, aber sympathische Entdeckung, daß er eigentlich gar nicht zu seiner Partei gehört.

Und beim Gewerkschaftsbund und der Wirtschaftskammer wird es sicher auch einige Leute von guten Manieren geben.

Wer nur allein seiner Partei, seiner Interessengruppe, seiner Kirche angehören will, wird sich wahrscheinlich über solche Sätze ärgern. Aber diese Art Ärger sollte eigentlich niemandem erspart werden.

Hitler, Bibel und die Schweiz

Zusammen mit der ihm am Vortag angetrauten Eva Braun beging der „Führer" und Reichskanzler Adolf Hitler am 30. April 1945 im Bunker der Berliner Reichskanzlei Selbstmord. Die Leichen wurden sofort verbrannt. Als Hitlers Selbstmord in der Schweiz bekannt wurde, haben viele Reformierte – in Österreich heißt das „evang. H. B." – den nachfolgenden Text aus dem Alten Testament, Jesaja 14, kommentarlos von den Kirchenkanzeln verlesen.

„Wie still ist der Gewaltherrscher geworden, wie ruhig ist er jetzt, der Stürmer. Gott hat den Stock des Frevlers zerbrochen, den Stecken des Tyrannen, der Völker in seinem Wüten geschlagen hat, sie geschlagen hat ohne Unterlaß, der Nationen zertreten hat, zertreten hat ohne Schonung. Jetzt hat Ruhe, hat endlich Rast die ganze Welt, ja sie bricht in Jubel aus ...

Wie bist du vom Himmel gefallen, strahlender Morgenstern. Wie bist du zu Boden geschmettert, du Besitzer der Völker.

Du hattest dir gesagt: ‚Zum Himmel hinauf will ich steigen, hoch über den Sternen Gottes aufrichten meinen Sitz. Dem Höchsten will ich mich gleichstellen.' Doch ins Totenreich wirst du hinuntergestürzt, tief hinab, in die Grube. Die dich sehen, schauen dich genau an und sagen: ‚Ist das der Mann, der die Erde erzittern ließ, der aus der Welt eine Wüste gemacht hat und ihre Städte zerstört hat, der seinen Gefangenen den Kerker nicht aufgeschlossen hat?'

Die Könige der Völker, sie alle ruhen in Ehren, ein jeder in seiner Gruft, doch du bist hingeworfen ohne Grab wie ein zertretenes Aas. Denn du hast dein Land zugrunde gerichtet, dein eigenes Volk hast du gemordet. Vergessen werden soll der Name des Tyrannen."

Am 30. April 1945 hat die Weltgeschichte selbst die Bibel ausgelegt.

Dank an Marx

In einer Zeit, wo giftiger „religiöser Weizen" – gedüngt durch allerhöchstes Wohlwollen – aus den Ritzen und Spalten ehrwürdiger Kirchenmauern hervorblüht und sich den wärmenden Strahlen einer religiös längst abgebrühten Sonne darbietet, kann schon so etwas wie eine neue Sehnsucht nach marxistischer Religionskritik aufkommen.

Für konservative Exorzisten mag es unvorstellbar sein, aber zuzeiten könnte der „Garten" nur dadurch vor der inneren

Vergiftung bewahrt werden, indem man gerade in gläubigem Vertrauen „den Marx zum Gärtner macht"!

In seiner Einleitung „Zur Kritik der Hegelschen Rechtsphilosophie" hat Marx die berühmt gewordenen Sätze geschrieben: „Das religiöse Elend ist in einem der Ausdruck des wirklichen Elends und in einem die Protestation gegen das wirkliche Elend. Die Religion ist der Seufzer der bedrängten Kreatur, das Gemüt einer herzlosen Welt, wie sie der Geist geistloser Zustände ist. Sie ist das Opium des Volkes."

Was diesen Satz betrifft, so haben meine Kollegen im vorigen Jahrhundert rot gesehen. Religion ein Opium? – dann wären ja die Pfarrer so eine Art Rauschgifthändler. Diese Unterstellung konnten sich doch die Verwalter des Christentums nicht gefallen lassen. Aber die Entrüstung der bürgerlich etablierten Kirche war im Grunde genommen das Erschrecken von Christen, die lange nicht einsehen wollten, wie beharrlich sie die ungeheure soziale Not der arbeitenden Bevölkerung zur Zeit der ersten Industrialisierung übersehen hatten. Und um Hilfe gebeten hatten sie – von einigen Ausnahmen abgesehen – eben „Opium" angeboten, also Vertröstung auf eine Art besseres Jenseits, wo dann die Zukurzgekommenen für das irdische Jammertal entschädigt werden würden.

Verfall einer Religion: Vertröstung statt Trost! Und von diesem Herrn Marx sollte man sich das unter die Nase reiben lassen? Nicht zuletzt die Kritik von Marx hat den Kirchen geholfen, ihre soziale Verantwortung wiederzuentdecken. Hat er doch in Erinnerung gerufen, daß Jesus nicht ein schöneres Jenseits, sondern ein menschlicheres Diesseits gepredigt hat. Gott sei Dank erregt Marx Emotionen. Aber nur die „Rauschgifthändler" werden aggressiv, wenn ihre Ware als „Opium" bezeichnet wird.

Wer sich aber gerade am spießigen Mief verklemmter Sektenromantik berauscht, oder an buchstabenhöriger Beschränktheit, an religiös-pubertären Kinderzimmerphantasien oder organisierter masochistischer Geheimniskrämerei, hätte eigentlich ein

Recht darauf, zu erfahren, daß er den Heiligen Geist längst mit seinen Verächtern verwechselt hat.

Die Moral sollte schon vor dem Fressen kommen

„Tu etwas gegen den Hunger in der Welt, und zwar rasch, wirkungsvoll und ohne viele Worte. Wer Hunger hat, will Brot. Alles andere ist, ja muß ihm egal sein!" Solche vernünftigen Vorschläge hat der Teufel seinerzeit Jesus gemacht.

„Jesus, mach aus diesen Steinen Brot. Wenn du wirklich der Sohn Gottes bist, dann kannst du das ja." Wäre Jesus der teuflischen Vernunft gefolgt, wer könnte ihn schon verurteilen? Sagen doch gerade die „Heutigen": zuerst das Brot, alles andere ist bis auf weiteres nicht so wichtig. Entwicklungshilfe ja, Entwicklungspolitik nein!

Die Antwort des „Menschensohnes" ist überraschend, göttlich: „Nicht vom Brot allein wird der Mensch leben, sondern von jedem Wort, das aus dem Mund Gottes hervorgeht." Und diese Antwort gibt er in einer persönlichen Extremsituation, nach 40 Tagen Fasten, und sagt damit soviel wie: „Vom Brot allein wird der Mensch sterben." Wer würde es wagen, so eine Erkenntnis von den Hungernden unserer Zeit zu verlangen? Müßten das nicht eher die Satten begreifen?

Doch die Erfahrung lehrt, daß erstaunlicherweise gerade die Armen, die Unterdrückten, die Hungernden wissen, daß der Mensch nicht vom Brot allein lebt: Eine alte Frau: „Hier im Altersheim werden wir gehalten wie kostbare Tiere, aber reden kann man mit niemanden." Ein Schnorrer, der 100 Schilling bekommen hat: „I kum net nur wegn dem Schülling zu Ihna. Ich brauch jemand, der redt mit mir, daß i gspür, daß i no a Mensch bin."

„Erst kommt das Fressen, dann kommt die Moral!" sagt Brecht. Einverstanden, aber dann soll sie auch kommen; noch besser gleichzeitig. Denn meistens kommt ja nach dem Fressen das „Angfressensein".

Bevor meine Großmutter einen Laib Brot angeschnitten hat, hat sie darauf ein Kreuzzeichen gemacht. Ein starkes Symbol: Das Wort Gottes kommt nicht nach dem Brot, sondern es bestimmt schon die Brotverteilung. Denn – was ist ein Brotgeber? Die Erfahrung der Leute: Wes Brot ich esse, des Lied ich singe! Brotgeben provoziert Anbetung, Gefolgschaft, provoziert Hierarchien. Das heißt, naives Brotgeben schafft neue Abhängigkeit, neue Unterdrückung. Man ersuche doch die vielen Brotspender, einmal ihre Motive zu reflektieren.

Der Mensch lebt auch davon, daß er mitbestimmen kann: Wer seine Brotgeber sind; wie Brot hergestellt und verteilt wird; um welchen Preis es verkauft wird, oder ob man es verschenken soll. Denn Brotgeben impliziert immer politische Strukturen. Wer aber nur Brot geben kann, wird höchstens erreichen, daß die Menschen alles satt haben.

Die kleinen Behaglichkeiten in der Diktatur

Jetzt sollte man in Europa fleißig das Alte Testament lesen. Denn des Gottesvolkes Exodus – von der Befreiung aus der Sklaverei in Ägypten bis zum „Murren" in der Wüste – ist eine Art Lehrstück in Sachen Realismus für alle, die auch den Weg von der Diktatur in die Freiheit gegangen sind. Wer befreit worden ist, weiß er denn nach einiger Zeit überhaupt noch, wie es wirklich gewesen ist in der „Sklaverei in Ägypten"? Nach der Befreiung – so lehrt das Buch Exodus (2. Mose) – kommt meistens das große Vergessen.

Wenn man sich jetzt erinnert, dann werden auf einmal ganz andere Dinge wichtig. Die Härte des „Wüstenlebens" provoziert schnell eine Art „ägyptische Nostalgie". Man erinnert sich begeistert an das ägyptische Gulasch, die „Fleischtöpfe", an jede Menge Brot, die kostenlosen Fische; Lauch. Zwiebel und Knoblauch – „und jetzt dieses ewige Manna, das einem schon bei den Ohren herausstaubt!" Und die „befreiten" Frauen erinnern sich begeistert an die tollen erotischen Qualitäten der Ägypter (Ezechiel 23).

Nach der Befreiung scheint mit einer gewissen Zwangsläufigkeit die Enttäuschung zu kommen – auch 1991. „Osteuropäer über Wende enttäuscht. Die Mehrheit der Bevölkerung in Osteuropa ist über die Ergebnisse nach dem Sturz der kommunistischen Regime enttäuscht (Fessel-Untersuchung)."

Was Israel in der Wüste erlebt hat, erlebt derzeit ganz Osteuropa und die Nachfolgestaaten der Sowjetunion. Und so wie für die „Wüstenwanderer" spielt die Nahrungsmittelversorgung eine entscheidende Rolle. Und so wie in biblischen Zeiten sind auf einmal „Feldherren" dagewesen, die bereit waren, das Volk nach „Ägypten" zurückzuführen. Und in den Moskauer Geschäften gab es auf einmal Lachs zu kaufen!

Es scheint so etwas zu geben wie die Macht der kleinen Behaglichkeiten in der Diktatur. Und wehe, diese kleinen Behaglichkeiten gehen verloren, schon heißt es eruptiv: „Des hätt's unterm Pharao net geb'n. Des hätt's unterm Hitler/Breschnew/Ceausescu/Honecker und so weiter net geb'n!" Der Verlust der kleinen Behaglichkeiten schafft einen Trennungsschmerz, der Angst macht und zugleich eine makabre Anhänglichkeit an alles, was eigentlich Wiederversklavung wäre.

Das Exoduslehrstück könnte vielleicht das „Murren in der Wüste" als Stufe der Befreiung zeigen und Mut machen, auf Bilderbuchvorstellungen über das Leben in der Freiheit zu verzichten. Denn die Befreiung ist eher ein langwieriger Prozeß, eine Entwicklung mit Rückschlägen, mit viel altem Ungeist mitten im neuen Leben.

Exzellenzen prüfen

„Exzellenzen prüfen" war noch zur Zeit der Ersten Republik ein beliebtes Kaffeehausspiel. Alfred Polgar soll es erfunden haben. Gespielt wurde es von zwei Partnern. Der eine übernahm die Rolle eines prüfenden Geschichtsprofessors und mußte sich für den hochgeborenen Prüfling eine so leichte Frage ausdenken, daß sie selbst von einem geistig zurückgebliebenen Kleinkind unmöglich falsch beantwortet werden konnte.

Der Prüfling stand dann vor der schwierigen Aufgabe, dennoch eine falsche Antwort zu geben, und der Professor vor der noch schwierigeren, diese Antwort nicht nur als richtig anzuerkennen, sondern auch zu begründen, warum sie richtig war. Gelang ihm das nicht, hatte er verloren.

In seiner „Tante Jolesch" erzählt Friedrich Torberg ein Musterbeispiel einer vom prüfenden Professor gewonnenen Runde.

Heutzutage gibt es kaum mehr kaiserliche Hoheiten, geschweige denn so geistreiche Kaffeehausspiele. Das „Exzellenzen prüfen" gibt es aber erstaunlicherweise immer noch. Nur jetzt findet es in der Schule, im Geschichtsunterricht, statt und wird von Prüfer und Prüfling höchst ernst genommen:

Gemeint ist der Standpunkt, von dem aus Geschichte vorgetragen und dann natürlich auch geprüft wird. Es ist fast ausnahmslos der Standpunkt der Herrschenden, der den spätgeborenen Republikanern dargeboten wird. Die Geschichte der österreichisch-ungarischen Monarchie aus der Sicht von Kaiser Franz Joseph, oder Joseph II. oder Maria Theresia.

Mittelalterliche Geschichte vom Standpunkt der Kaiser und Päpste. Antike Geschichte im Blickwinkel von Alkibiades und anderen philosophierenden reichen Playboys. Ja, Sklaverei soll es damals auch gegeben haben, aber was ist das schon angesichts klassischer Kultur?

Seltsam, Jahrhunderte der Geschichte werden wie auf Verabredung vom Standpunkt derer erzählt, die Geschichte gemacht haben, fast nie vom Standpunkt derer, die Geschichte erlitten haben, unterdrückt, beraubt, getötet worden sind. Nur wenn von der Hitlerzeit die Rede ist, dann sollten die Schüler auf einmal Mitgefühl und Betroffenheit zeigen. Da ist dann plötzlich von den Opfern die Rede. Und dann wundert man sich, wenn das nicht funktioniert!

Wer gelernt hat, sich die Gedanken von Alexander, Caesar und Karl dem Großen anzueignen, wird sich schwerlich mit verfolgten Juden identifizieren können. Oder kann man Geschichte erst ab 1933 bewältigen?

Heute bin ich schwarz

Heute bin ich schwarz: schwarz wie die Nacht, die Finsternis und der Schatten; schwarz wie der Abgrund, die Tiefe, der Tod; schwarz wie die schwarze Magie, der Schwarzhandel, das schwarze Loch.

Heute bin ich schwarz: schwarz wie die Tollkirsche, das schwarze Schaf, der schwarze Peter; schwarz wie der Panther, die Katze, der Rabe; schwarz wie die Schwarzarbeiter, die Schwarzkünstler, die Lava.

Heute bin ich schwarz. Ich habe schwarze Augen und schwarze Ränder unter den Augen; schwarze Haare und schwarze Fingernägel. Meine Zähne sind schwarz geworden vom Beißen des Verbrannten. Meine Seele ist schwarz wie Asche, oder wartet sie nur auf ihre Wiedergeburt? Schwarz ist das Nichtsein, das Sterben, die Trauer. Schwarz ist eine Farbe, die Erwachsene mögen. Schwarz ist der Humor, gut verdientes Geld, das Unbewußte. Was man schwarz auf weiß besitzt, kann man getrost nach Hause tragen. Aber was macht man dann damit?

Schwarze Geschichten gibt es viele, von der Schwarzweißmalerei bis zu den Höllenhunden. Eine rassistische Legende:

Gott hat die Weißen zu seinem Ebenbild geschaffen. Die Schwarzen sind entstanden, als der Teufel Gott imitiert hat.

Ohne Schwarz keine Religion, kein Christentum.

Schwarz sind die Künste, Praktiken und Messen des Teufels. Schwarz ist der Verzicht. Die Kleidung der Mönche und Nonnen ist gern schwarz. Schwarz ist die Farbe bei festlich ernsten Anlässen, wo absolute Werte gesetzt und vertreten werden. Schwarz kleiden sich auch Pfarrerinnen, Professorinnen und Richterinnen. Schwarz riecht nach Friedhof. „Schwarz wie Ebenholz" war nicht nur Schneewittchen, sondern auch König Davids Geliebte. Schwarz sind alle, die auf Erlösung warten. „Ihnen wird ein großes Licht aufgehen" sagt der Prophet Jesaja.

Schwarz hat viele Nuancen: von dunkelgrau bis tiefschwarz – busekschwarz – schüsselschwarz – pröllschwarz – kohlschwarz – schwarz wie ein Rauchfangkehrer. Nicht jeder Glücksbringer ist schwarz.

Heute werde ich schwarz: nicht, weil man mich so lange warten läßt. Ich bin traurig und voller Ahnungen, weil schwarz vermummte Gestalten auf schwarzen Pferden über die Welt reiten – apocalypse now? Oder ist die Schwarzseherei nur eine üble Gewohnheit?

Heute bin ich schwarz. Und ich lache, wenn schwarze Käfer auf narrischen Kastanienbäumen sitzen und „Erst wann's aus wird sein" singen. Ein pensionierter Rabe erklärt mir freundlich die Welträtsel. Und beinahe hätte ich ihn verstanden.

Ich fühle mich schwarz, weil ich heute schwarz bin.

Sonne, gelb und Religion

Heute bin ich gelb. Gelb wie das Sonnenlicht, Gold, der Mond und die Sterne. Gelb wie Eidotter, ein Kanarienvogel, ein Löwe. Gelb wie die Wespen, ein Sandsturm, Eiter und Harn. Gelb wie die Galle, Reptilien und giftige Blüten.

Heute bin ich gelb: Ich habe gelbe Wangen, gelbe Augen, eine gelbe Haut. Meine Zähne und Fingernägel sind gelb. Meine Knie sind gelb geworden in dieser Zeit. Ich sehe gelb. Meine Seele brennt wie die Sonne. Gelb ist die Ernte, die Aktivität, das Licht. Gelb ist die Eifersucht, der Neid, Krankheit und Tod.

Gelb ist der Leichtsinn, die Aufregung, ein Ausflug in den Wahnsinn. Alles gelb Gewordene kennt keine Grenzen, will schreien, spottet über jede Berechnung.

Gelbe Geschichten gibt es viele: von der Sonnenblume, die sich für die Sonne gehalten hat, bis zum Schwefelgestank in der Hölle.

Gelbe Geschichten zeigen die Schande der Menschheit. Alle, die man zu Sündenböcken gemacht hat, mußten ein gelbes Zeichen tragen: die Frau des Henkers, die Huren, Juden, Protestanten und andere Ketzer.

Ohne Gelb keine Religion. Ohne Gelb kein Christentum. Die gelbe Sonne wurde in allen Religionen zur Gottheit gemacht. Auch Christus trägt einen leuchtenden Strahlenkranz. Er ist das „Licht der Welt". Biblische Psalmen preisen Gott, der sich mit der Sonne bekleidet hat.

Die Sonne ist das religiöse Symbol für den Herrscher und für die Revolutionäre. Sonne ist das religiöse Symbol für die Gegner der Atomkraftwerke und ihre „arglosen" Betreiber.

Jesus verdankt seine Bergpredigt der Sonne. Denn die Sonne macht keinen Unterschied zwischen den Menschen und bescheint Gut und Böse. Vielleicht wird das Weltende gelb sein. Denn die Sonne macht aus den Sünden der Menschen Ozon und wird uns vielleicht dadurch ersticken. Gelb hat viele Nuancen: hellgelb, zitronengelb; gelb wie die Berufsvergifter, giftgelb wie die Ozonverbrecher, gelb wie der Neid der Wohlstandsganoven. Wer nennt die Menschen? Man erkennt sie an ihrer Farbe?

Heute werde ich gelb, weil ich diese Farbe spüre wie mein reformierter Glaubensbruder Van Gogh. Ich spüre die Hitze, die Sonnenblumen, das Korn, Licht. Oder könnte es auch eine Gelbsucht der Seele sein, Wahnsinn?

Heute bin ich gelb: Ich gehe über gelbe Wiesen, durch gelbe Wälder. Ich steige auf den großen gelben Turm und will die Sonne einfangen. Aber ich kann nicht, weil ich kein gelbes Netz habe. Sonnenstrahlen lachen mich aus, aber ich verstehe ihre gelben Worte nicht. Ich fühle mich gelb.

Das „Cowboy-Amt" der Geistlichen

Seit Jahrtausenden wird der Beruf des Priesters, des Bischofs, gern mit dem Beruf des Hirten verglichen. Und da dieser Vergleich uralt ist und kaum noch irgendwo ein echter Hirt im ursprünglichen Sinn zu sehen ist, denken die meisten Menschen, wenn sie „Hirt" hören, gleich an Pfarrer und Bischöfe.

Daß die geistliche Tätigkeit von Männern – in den evangelischen Kirchen auch von Frauen – „Hirtenamt" („Hirtinnenamt") genannt wird, regt niemanden mehr auf. Dabei ist „Hirt" ein sehr anstößiges Bild für einen Geistlichen. Man braucht nur das Wort durch „Cowboy" zu ersetzen, und statt „Hirtenamt" frech „Cowboyamt" zu sagen, das ist fast schon eine implizite Lästerung.

„Cowboy" riecht nach Schweiß und Hitze, schmeckt nach Staub und Durst, nach Einsamkeit. Jeder Wildwestfilm zeigt Männer, die dieses schwere Hirtenamt ausüben. Zart besaitete Gemüter irritiert natürlich, daß der „Cowboy" auch an Saloon, Western-Musik, Saufen, Kartenspiel und Raufereien erinnert. Nur, Hirten in biblischen Zeiten waren auch rauhe, lärmende Burschen und nicht besonders geachtet. Und gerade in biblischen Zeiten benennt Gott selber seine Tätigkeit mit einem so anrüchigen, anstößigen Wort wie „Hirt":

Wenn sich ein Schaf verirrt, sucht er es oft tagelang. Und er führt seine „Schafe" auf die fettesten Weiden. Verwundete Tiere wird er verbinden, die Starken weiter ermutigen.

In dieser Tradition nennt sich Jesus einen „guten Cowboy". Er wird mit dem Wolf kämpfen und, wenn es sein muß, sein Leben geben. Er wird sie nicht wie „blöde Schafe" behandeln, sie nicht schlagen oder erschrecken. Er wird sie zu nichts zwingen, nicht einmal zur Wahrheit. Aber die Schafe werden ihm nachlaufen, weil sie seine Stimme kennen und ihm vertrauen.

Und darum muß sich jeder Hirte von seinem göttlichen „Oberhirten" mahnen lassen: „Wehe den Hirten, die sich selbst geweidet haben. Die Milch genießt ihr, mit der Wolle bekleidet ihr euch, die gemästeten Tiere schlachtet ihr. Ich werde euch meine Schafe wegnehmen." (Ez. 34)

Wenn man wissen will, ob ein „Hirte" wirklich für seine „Schafe" da ist, dann versuche man ihn doch einmal ganz ungeniert biblisch einen „Cowboy" zu nennen.

Sie lassen sich ihre Unglückspropheten etwas kosten

Eigentlich ist es eine uralte Geschichte, aber solche „Urgeschichten" sind erstaunlich oft gleichnishaft: Der mächtige Großkönig Belsazzar hat in Babylon ein Festmahl für die Großen seines Reiches gegeben. Da wurde nicht nur Pracht und Luxus entfaltet, es ging auch bald in jeder Hinsicht hoch her. Schließlich ließ der König in seinem Übermut die goldenen Gefäße bringen, die seine Soldaten aus dem Tempel in Jerusalem geraubt hatten. Rasch war eingeschenkt, und niemand konnte den König daran hindern, seinen höchst profanen Durst aus den heiligen Gefäßen zu stillen.

Doch da ist etwas Gespenstisches passiert. Auf der Wand des Festsaals war plötzlich eine Hand zu sehen. Und diese

Hand hat die Worte „Mene, Tekel, Upharsin“ an die Wand geschrieben. Niemand konnte den Sinn dieser geheimnisvollen Worte finden.

Nur der jüdische Prophet Daniel konnte ihm Auskunft geben. „Mene, das heißt: Gott hat die Tage deines Königtums gezählt. Tekel, das heißt: du bist gewogen und zu leicht befunden worden. Pheres, das heißt: dein Reich wird den Persern und Medern gegeben werden!“

Hatten alle Anwesenden jetzt geglaubt, der König würde den Unglückspropheten bestrafen, vielleicht sogar töten lassen, so mußten sie zur Kenntnis nehmen, daß der König ihn reich belohnt hat. Er wurde mit Purpur bekleidet, bekam eine goldene Kette und wurde zu einem leitenden Regierungsbeamten ernannt. Seine Politik hat Belsazzar allerdings nicht geändert – und er hat Reich und Leben an die Perser verloren.

Eine alte babylonische Geschichte, aber irgendwie scheint sich diese Geschichte zu wiederholen. Die Mächtigen dieser Welt – ganz unabhängig davon, wie sie zur Macht gekommen sind – machen es, scheint's, genauso wie der König Belsazzar. Was lassen sie nicht alles durch ihre Handlanger herbeischaffen, um ihren Machtdurst zu stillen. Und nichts ist ihnen heilig von dem, was ihnen eigentlich heilig sein sollte, weil es die Grundlage des menschlichen, tierischen und pflanzlichen Lebens bildet.

Dann geschieht viel Unvorhergesehenes. Und sie erschrecken über die Ereignisse, die sie sich nicht erklären können. Und sie bemühen sich um den Rat der Experten. Aber sie scheren sich genausowenig um die Kritik der Fachleute wie ihr antikes Vorbild. Und wie der König Belsazzar, so lassen auch sie sich ihre Unglückspropheten etwas kosten. Und sie geben ihnen Lehrkanzeln, goldene Ketten, ja vielleicht sogar Ministerposten.

Werden sie ihre Macht oder ihr politisches Mandat genauso verlieren wie der König im alten Babylon?

Der liebe Gott und der Lauschangriff

Die Bibel erzählt, daß der Satan König David gereizt hätte, das Volk zählen zu lassen. „Aber Gott gefiel diese Sache nicht, und er bestrafte Israel."

Daß eine Volkszählung eine Teufelei ist, war in biblischen Zeiten selbstverständlich. Sie bestand für die Zeitgenossen darin, daß sich hier ein Herrscher ein Wissen über seine Mitmenschen verschafft, das ihm gar nicht zusteht. Der König wollte sich Informationen verschaffen, die nur Gott zustehen.

Wer alles über seine Bürger wissen will, maßt sich ein „göttliches Recht" an. Denn nur Gott allein ist dazu fähig, mit seiner Allwissenheit verantwortungsvoll umzugehen.

Seit einiger Zeit wird in Österreich über den Lauschangriff diskutiert, also über eine noch weitergehende Datenbeschaffung als die Volkszählung. Mit der Begründung, das internationale Verbrechertum in den Griff bekommen zu wollen, sollen menschliche Grundrechte nur mehr bedingt gewahrt werden.

Die Polizei soll in Zukunft auch „die rassische Herkunft, politische Anschauungen, religiöse und andere Überzeugungen, sowie Angaben zur Gesundheit und zum Sexualleben" erheben dürfen.

Erfreulicherweise gibt es dagegen viel Protest. Die Kirchen waren bisher eher schweigsam. Haben sie ihre eigene Glaubenstradition vergessen? Denn nach der biblischen Erfahrung ist die zweite Teufelei zweifellos größer als die erste.

In früheren Zeiten hat man sich damit zufriedengegeben, daß Gott allein die Qualität der „Allwissenheit" zukommt. Ein „computerbesoffenes" Zeitalter strebt jetzt die Allwissenheit an, ohne dazu die geringsten göttlichen Voraussetzungen zu haben.

Aber ohne diese – zugegeben übermenschliche – Qualität ist der Mißbrauch nicht nur möglich, sondern strukturell vorprogrammiert. Da beruhigen auch mehr oder weniger treuherzige Entschuldigungen wie „wo gearbeitet wird, da passieren Fehler" nicht.

In biblischen Zeiten war die Strafe für die „Teufelei" einer Volkszählung eine verheerende Pest. Und an die 70.000 Menschen hat es erwischt.

Und wie viele Menschen könnten in Zukunft Opfer einer „Datenpest" werden?

König Hiskia in Rio

Fast 2700 Jahre ist es her, daß Jesaja, ein Prophet, Hiskia, den König von Juda, öffentlich zur Rede gestellt hat. Denn Hiskia war drauf und dran, sich in eine militärische Koalition gegen das assyrische Reich hineinziehen zu lassen. Seine Verhandlungspartner waren Delegierte aus Babylon. Jesaja hat sicher eine hohe Stellung bei Hofe gehabt, trotzdem war es ein Zeichen prophetischer Kühnheit, den König offen zur Rede zu stellen. Ja, der Prophet führt mit dem König ein geradezu unerbittliches Verhör. Fazit: König, du führst dein Land ins Verderben.

Wem ist aber so eine Rolle zuzumuten wie Jesaja? Ist das eine Rolle für die großen Einzelgänger wie die Propheten, Jesus, Heilige und Märtyrer, Ketzer und Reformatoren, und ihre Nachfolger heute? Und was ist mit allen anderen? Sind sie feig, wollen sie nichts riskieren? Und für den Ernstfall hoffen sie, daß sich die großen Probleme auf wunderbare Weise wie von selbst lösen werden.

Oder hat jetzt eine neue Zeit begonnen? Kommt es endlich zur Demokratisierung der Prophetie? Also jeder entdeckt seine prophetischen Kräfte. Kommt es endlich zur Demokratisierung der Revolution? Also jeder entdeckt seine revolutionären Kräfte, seine Widerstandskräfte. Kommt es endlich zur Demokratisierung der Verantwortung? Also jeder Mensch erkennt, daß auch er Verantwortung für das Ganze übernehmen kann. Aber wem soll man böse sein, wenn er da nicht mittut? Schließlich hat ja auch ein König wie Hiskia versagt und sein Land zugrundegerichtet. Und Generationen haben unter seiner Schuld gelitten.

Hiskia hat ein Verhalten praktiziert, vielleicht sogar erfunden, das bis heute großes Unheil anrichtet, ja ins Verderben führt. Nämlich: Er bezweifelt nicht die Unheilsprophezeiung eines Jesaja, aber insgeheim denkt er sich: „Wenn nur Frieden und Sicherheit herrscht, solange ich lebe!" Dieses Verhalten ist eine Erkrankung der Verantwortungsfähigkeit, die bereits epidemisch verbreitet ist.

Heutzutage spielt sich das so ab: Die Unheilsbotschaft lautet „Der Wald stirbt". Reaktion I.: „Das ist wahr" – und sich insgeheim zu denken: „Hoffentlich gibt es den Wald noch, solange ich lebe." Reaktion II.: „Daher nichts gegen das Waldsterben tun und es dadurch beschleunigen. Dieses Verhaltensmuster ist eindeutig katastrophenfördernd. Natürlich ist keiner für die Zerstörung der Schöpfung, aber insgeheim denkt er sich: Wenn nur in meiner Lebenszeit die Luft, das Wasser et cetera noch halbwegs ..., dann bin ich beruhigt."

Dieser „Kompromiß" ist selbstmörderisch, aber in „herrschenden Kreisen" derzeit bevorzugte Ideologie. König Hiskia wäre in Rio sicher neben Präsident Bush gesessen.

Neue Schimpfwörter

Schimpfwörter findet man kaum in Sprachlehrbüchern. Auch in vielen „keuschen" Wörterbüchern wird man sie vergeblich suchen. Das ist eigentlich schade, denn Schimpfwörter sind typisch für ein Volk; typisch auch für bestimmte Menschen.

Was sagen denn die Leute, wenn sie einander beschimpfen? Die Deutschsprachigen bevorzugen anales Vokabular, also alles, was mit dem Gelingen des Ausscheidungsvorganges und dessen Produkten zu tun hat. Aber nicht: „Verweigere deine Gaben, zögernder Popo!“ Und wie das Götzzitat zeigt, kommt deutsches Schimpfen ohne Klopapier aus.

Italiener und Ungarn schimpfen gern genital, das heißt ihr sehr reichhaltiges Schimpfmaterial kommt aus dem sexuellen Bereich – übrigens: leicht gezuckert mit ein paar Blasphemien, also religiösen Beschimpfungen.

Aber wer hindert die Leute eigentlich, ihre eigenen Schimpfwörter zu erfinden oder zusammenzusuchen. Hier ist nach wie vor die Wiener Originalität vorbildlich. Was Wiener und Wienerinnen einander halt so nennen – alphabetisch geordnet:

Angstmeier – Babbler – Crepierl – Dachinierer,
Einiraunzer – Fadian – Gankerl – Hallawachel,
Individium – Jeierer – Konfusionsrat – Lullatsch,
Meckerer – Nigel – Ohrwaschelkaktus – Quargelritter,
Rawutzel – Sackelpicker – Trantsch,
Untam – Wadelbeißer – Zwidawurzen.

Also man lasse sich anstecken, wie wär's mit Schimpfwörtern aus dem Sport?

So a verpatzter Rittberger, du verwackeltes Zielphoto, du abgstürzter Schanzenraudi, du verschepperter Libero, du akademischer Ballschani, du hatscherter Turniertänzer; wirfs Handtuch mit deine sechs blauen Augen.

Oder wie wär's mit Schimpfwörtern aus dem Alkoholgeschäft?

Du zsampantschter Chianti, du aufzuckerte Spätlese, so a damische Reblaus; na wart nur, du Fuseldiskonter; du bist a so a falsches Tröpferl, des im Labaratorium auf de Welt kommen is.

Oder ein Bisserl meteorologisch schimpfen?

Du lästiges Islandtief; sibirische Kältn, jelzinische; du verlurngangener Sonnenschein, so a ausbliebenes Azorenhoch, du ewige Alpennordseite, dein Charakter is auch wechselnd bis wolkig.

Oder ganz brandneu – Computerschimpfen:

Du abgstürzter PC, du gelöschte Diskette, du hinige Hardware, du abgeschaltetes Rom – a so a uncompatible Software, dei Speicherkapazität kannst vergessen, dein'n Drucker hat die Maus gfressen.

Vielleicht sollten sie ihre gewohnten Schimpfwörter einmal einer sorgfältigen Überprüfung unterziehen.

Abraham a Sancta Clara weitergepredigt

Seit die Schmeichler in Sang und Klang sind, ist die Leichtfertigkeit eine Freundlichkeit, der Zorn ein Ernst, der Diebstahl eine Wirtschaft, die Schmeichelei eine Politik, die Unzucht eine Vertraulichkeit, der Stolz eine Mode, der Teufel ein Engel geworden.

Seit die Schmeichler in Sang und Klang sind, ist die Perücke eine Zweitfrisur, die Putzfrau eine Raumpflegerin, sind die Alten Senioren, die Huren Prostituierte, ist der Arme ein Unterprivilegierter, der Judenhasser ein Antisemit, der Krieg ein bewaffneter Konflikt.

Steigen die Preise im G'wölb ins Aschgraue, so nennen das die Herren Prinzipale eine „Preisbereinigung auf der Verbraucherstufe". Wird jemandem sein Schrebergartl weggenommen, so heißt das offiziell „Änderung der Verfügungsgewalt zugunsten der Gesellschaft". Saubere Gesellen sind das.

Solange ein Prediger eine schöne, mit Fabeln und sinnreichen Sprüchen unterspickte Predigt hält, da ist Jedermann gut Freund. Vivat der Pater Prediger! Wenn er aber anfängt, großen Herren die Wahrheit zu sagen; wenn er anfängt, den hohen Ministern und Räten zu predigen, daß sie lernen sollen, bis drei zu zählen, so bringen ihm solche Wörter lauter Schwerter.

Wenn er die Wahrheit den Bäckern sagt, daß sie zwar genug

Mehl haben, aber zu wenig Teig für die Semmeln nehmen, dann wird sein Auditorium bald Schwindsucht leiden.

Wenn er die Wahrheit den Frauenzimmern sagt, daß sie wie eine Glocken sind, die 24 Stunden läut't, dann wird seine Kirche bald leer sein wie das Börsel von einem Schnorrer.

Wenn er die Wahrheit den Autofahrern sagt, daß sie die Luft verpesten, dann werden die Kirchenstühle bald nur mehr Quartiere für alte Weiber sein. Wenn er die Wahrheit den Steuerhinterziehern sagt, daß sie kein Kavaliersdelikt begehen, sondern einfach Betrüger sind; wenn er die Wahrheit den Wienern in puncto Ausländern sagt, daß „das Boot noch nicht voll ist", so bringt ihm so ein Sagen lauter Klagen.

Wenn er die Wahrheit den Spießbürgern sagt, daß ihre Kleinkariertheit nichts mehr mit dem Christentum zu tun hat, dann wird er bald nur mehr stille Messen lesen können. Und da soll ein Prediger die Wahrheit sagen.

Übrigens – am 2. Juli 1994 feierten alle Predigtgourmets den 350. Geburtstag des Augustiners Abraham a Sancta Clara.

Erinnerungen ans Salzkammergut

Im Salzkammergut da kamma gut lustig sein... aber nicht nur das. In dieser Jahreszeit haben Seen und Wälder ein adventlich Kleid angelegt und laden zwingend zur Besinnlichkeit ein. Also kurzfristig durch unverdaute Metaphysik beschwipst geht der Adventgeist über die Ischler Esplanade – und ehe er sich's versieht, stehen Erinnerungen an den letzten Kursommer auf. In der Kaiservilla wird die Ausstellung „Saturnia a Bad Ischl – Landschaften und Baudenkmäler aus der Toskana" eröffnet. Zuerst streiten die Honoratioren, wer die Eröffnungsrede halten soll. Dann geruht der rote Vizebürgermeister. Er begrüßt einige unbekannte Gemeinderäte, einige nicht anwesende Kulturschaffende, den Erzherzog –

„Jö, den Herrn Kurdirektor hab' ich vergessen!", die anwesende Prominenz kennt er nicht. Die Toskana-Fotos der Furchemitarbeiterin Bascha Batorska sind eindrucksvoll kulinarisch.

Doch der eröffnende rote Gemeindefunktionär unterstellt ihr sozialen Touch, die Gestaltung von Armut und Elend sei ihr Anliegen gewesen! Da im Nebenraum auch einige brave Bilder von Peter Fendi hängen, outet der Vizebürgermeister mit unmißverständlichen Anspielungen, daß er natürlich auch Fendis pornographisches Werk kennt.

Doch Erzherzog Markus schlägt den Vorredner nach Punkten. Er sei nur „ein einfacher Mensch, der Raum gibt für diese Ausstellung". Und im übrigen hätte die Toskana zum Habsburgerreich gehört, und Peter Fendi sei einer der Porträtmaler seiner Familie gewesen. O ewige makabre Operette – auf dem Gmundner Flohmarkt wird feilgeboten: der Bildband „Oberösterreich – das Land des Führers", der „Kalender für die deutsche Jugend 1943" und so weiter. Die Gegenreformation läßt der Herr im Schiffslautsprecher auf dem Traunsee in einem Würfelspiel gipfeln, das längst musikantenstadlverdächtig ist. Als dann noch in Traunkirchen ein frommer Bub mit Pfeil und Bogen auf einen Schutzengel schießt, macht sich wieder Adventstimmung breit: „Alle Jahre wieder" und „Glücklich ist, wer vergißt..."

Menschen brauchen keine Schuhe – Fritz!

Alle Füße sind nicht gleich – und wenn die Werbung zerspringt! Alle Füße sind nicht gleich, wie ja die allmorgendliche große Parade der Füße zeigt: große und kleine, klobige und zierliche, schöne und schiache, saubere und dreckige, warme und kalte, gepflegte und verwahrloste; „Kasler" und Schweißfüße – und was noch mildtätige Socken und Strümpfe verstecken.

Menschen brauchen keine Schuhe – Fritz! Füße brauchen Religion – das ist nicht einmal einer bekannten Schuhfirma bisher aufgefallen. Oder steckt hinter den surrealistischen Werbesprüchen sowieso die Religion? Berge brauchen keine Füße. Füße brauchen viele Berge. Schuhe bergen keine Füße. Füße brauchen Religion – weil sie eben nicht alle gleich sind. Eine Religion, die fußfreundlich ist. Denn die meisten Füße sind häßlich, wenn der Eigentümer über 40 ist.

Religion für die Füße: „Wenn dich dein Fuß zur Sünde verführt, dann reiß ihn aus." (Mt. 18/8) „Die Füße der Frommen behütet er." (1. Sam. 2/9) „Wie lieblich sind die Füße der Freudenboten." (Jes. 52/7) Sind das fromme Sprüche, die man auf die Socken sticken kann, oder führt der Weg zur Seele wirklich über die Füße? Peter Altenberg, zarter Wiener Dichter und Gesundheitsapostel hat „Christus-Schlapfen" getragen: Schuhe aus Holz mit Stoff. Hat gerade der Dichter schon etwas von Fußreflexzonen geahnt? Daß jeder Teil der Fußsohle mit einem bestimmten Körperorgan zusammenhängt. Gibt es vielleicht auch einen Punkt auf der Fußsohle, der eine Leitung zur Seele hat? Kann man die Fußsohlen so massieren, daß die Seele zu jubeln beginnt? Hat Jesus seinen Jüngern deshalb die Füße gewaschen? Daß sie sensibel werden und voller Gefühl? Daß sie mit den Füßen sehen und begreifen? Oder hätten sie es mit dem Kopf fassen sollen, daß da Gott vor ihnen kniet und ihnen „de Füaß wascht". Ein Freund von mir wurde getraut. Und mitten im Gottesdienst haben Braut und Bräutigam einander die Füße gewaschen. Den Anwesenden ist das zu nah' gegangen.

Sollte ich jetzt ein großes, heiliges Fußwaschen ausrufen? Daß die Seele endlich wieder zu ihren Füßen kommt?

Also: Zeigt her eure Füße – vom Schweißfüßler bis zur Schönheitskönigin. Denn: Füße finden Seele auf. Füße brauchen Religion.

Gott spricht deutsch

Als die deutschen Sprachkenntnisse bei den deutschen Auswanderern in Kalifornien schon sehr schlecht geworden waren, erwog man, auch den Gottesdienst in englischer Sprache abzuhalten. Was die Predigt betrifft, so ergab das keine Probleme. Nur mit der Bibel – sollte man denn gegen alter Väter Sitte die Heilige Schrift englisch lesen?

Nach langem Streit einigte man sich schließlich auf folgenden Kompromiß: Die Bibel wurde zwar in englischer Übersetzung gelesen, aber: Wo Gott selbst sprach, da tat er es weiter auf Deutsch. 1. Mose 3/8-24 bekam also die Gemeinde so zu hören: „And they heard the sound of the Lord God walking in the cool of the day, and the man and his wife hid themselves from the presence of the Lord God among the trees of the garden. But the Lord God called to the man, and said to him:

‚Wo bist du?' And he said: ‚I heard the sound of thee in the garden, and I was afraid, because I was naked; and I hid myself.'

He said: ‚Wer hat dir gesagt, daß du nackt bist? Hast du etwa von dem Baum gegessen, von dem ich dir zu essen verboten habe?' The man said: ‚The woman whom thou gavest to be with me, she gave me fruit of the tree, and I ate.' Then the Lord God said to the woman: ‚Was hast du da getan?' The woman said: ‚The serpent beguiled me, and I ate.' The Lord God said to the serpent: ‚Weil du das getan hast, bist du verflucht vor allem Vieh ... auf deinem Bauche sollst du kriechen und Staub fressen dein Leben lang. Und ich will Feindschaft setzen zwischen dir und dem Weibe und zwischen deinem Nachwuchs und ihrem Nachwuchs ...'

To the woman he said: ‚Ich will dir viel Beschwerden machen in deiner Schwangerschaft ...' And to Adam he said: ‚... Im Schweiße deines Angesichts sollst du dein Brot essen, bis du wieder zur Erde kehrst, von der du genommen bist. Denn Erde bist du, und zur Erde mußt du zurück.' The man called his wife's name Eve, because she was the mother of all living.

And the Lord made for Adam and for his wife garments of skins, and clothed them. Then the Lord God said: ‚Siehe, der Mensch ist geworden wie unsereiner, daß er weiß, was gut und böse ist. Nun aber, daß er nur nicht seine Hand ausstrecke und auch von dem Baume des Lebens breche und ewig lebe …' "

Übereifrige werden vielleicht hinter dem „deutsch-sprechenden Gott" eine Art religiös motivierten Rassismus vermuten, aber man sollte mit den frommen Auswanderern nicht zu streng ins Gericht gehen: schließlich war man in Europa jahrhundertelang überzeugt, daß man mit Gott nur Lateinisch „sprechen" kann.

Mit 50 fürs Fernsehen gestorben?

Das munter-tüchtige Völkchen der Germanen ist immer noch für eine wirtschaftliche Sensationsmeldung gut. „Deutsches Privat-TV will nicht mehr für Seher über 50 senden" drohen die Schlagzeilen, daß die Satellitenschüsseln erzittern und einschlägige Kabel nur mehr zögernd deutsche Privat-TV-Ware ins Altersheim liefern.

RTL plus und SAT 1, die beiden großen deutschen Privatsender, wollen es angeblich amerikanischen Stationen nachmachen.

„Sie schmeißen gnadenlos jene Programme hinaus, die ein mehrheitlich über 50 Jahre altes Publikum anziehen" (Kurier). Allein das schon eine schreckliche Drohung! Man stelle sich vor, RTL und SAT 1 üben fürderhin keine Gnade mehr, nichts mehr wird aus Gnade gesendet werden.

Hat schon vor Monaten der Präsident der FOX Broadcasting erklärt –: „Wir brauchen keinen einzigen Zuschauer über 50, um eine gesunde Programmfinanzierung zu gewährleisten", so will der Chef von RTL natürlich nicht weniger clever sein:

„Musiksendungen, die ein Publikum über 50 ansprechen, sind wirtschaftlich uninteressant.“

Schau, schau – die Herren „Rattenfänger“ haben auf einmal ihre „Philosophie“ geändert. Die hohe Einschaltziffer ist tot, es lebe die kaufkräftige jüngere Seherschaft, die sich noch von der Werbung – jedenfalls nach Meinung der Werbefachleute – beeinflussen läßt.

Was für eine Erkenntnis! Mit einem Satz werden die jugendlichen Seher und Seherinnen beleidigt – hält man sie doch für eine leichte Werbebeute ob ihrer leichten Beeinflußbarkeit und verläßlich unkritischen Kauflust – und resigniert offensichtlich vor dem eher kritischen Käuferbewußtsein reiferer Leute.

Darum besteht auch kein Grund dazu, in der angekündigten „Programmphilosophie“ einen weiteren Anschlag auf die Würde älterer Menschen zu sehen. Im Gegenteil, es klingt fast nach einem impliziten Kompliment. „Mal sehen, wie es vor Ort läuft!“ Wer die Einschaltziffern nicht geschafft zu haben schien, wird wohl auch seine liebe Not mit den kaufkräftigen Jungsehern haben. Und – o unvermutete Werbeaskese – auf das Geld der Höchstverdiener will man wohl verzichten!

Ärgerlich ist nur die Selbstverständlichkeit, mit der Programmacher annehmen, daß Leute über 50 die Hauptkonsumenten ihrer vertrottelten Sendungen seien. Oder sollten die Produzenten von sich selbst auf ihre Konsumenten geschlossen haben?

Über den goldigen Humor der Kirchenkritiker

Von alters her gehört es zum österreichischen Brauchtum, daß sich hier jedermann(frau) in Sachen Religion und Pädagogik für kompetent hält. Zu welchen Kapriolen dann eine Vereinigung beider Fachgebiete in einer mutwillig vom Zaun gebrochenen Debatte über den Religionsunterricht führt, konnte man sich erst jetzt wieder überzeugen. In diesem Zusammenhang ist natürlich ein Witz über die Vermittlung ethischer Werte durch die Kirche unerläßlich. Dazu passen dann die erschrockenen Kulleraugen, die Herr und Frau Österreicher bekommen, wenn die ach so „lustige Fremdenfeindlichkeit" zu Gewalttaten eskaliert.

Und der Kirchenbeitrag, den der bisher nicht sonderlich aufgefallene „Verein österreichischer Steuerzahler" kompetenterweise hartnäckig für eine Steuer hält, verpflichtet selbst den unkirchlichsten Zeitgenossen zu einer „Endlosgeschichte".

Die Grundstruktur von Kirchenbeitragsdiskussionen entspricht dem alten Witz: Ein Mann zum anderen: Dauernd will meine Frau von mir Geld haben. Der andere: Und was macht sie mit dem vielen Geld? Der erste: Keine Ahnung, ich hab ihr noch nie eins gegeben. Hoch lebe die finanzielle Freiwilligkeit, der Kirchenbeitrag ist tot, es lebe der fromme Schmattes!

Selbstverständlich besteht der „Verein der Taufscheinchristen" darauf, daß die Konfession des Staatsbürgers ein Geheimnis sein muß – übrigens ein Antrag, das apostolische Glaubensbekenntnis dem Datenschutz zu unterwerfen, läuft bereits. Im übrigen blüht die „geistreiche" Satire der Medienleute: Man nehme einen dicken Bischof, erkläre Religion zur „Privatkonsumsache", halte Religionsfreiheit für den Schutz vor Vertreibung und Erschießung, mache ein paar trübe Witzchen über das „Seelenheil", empfehle den evangelischen Gläubigen, zusammen mit dem Pfarrer den Meßwein auszusuchen, halte die Taufe für die Vergewaltigung von Babies zwecks späterer Ausbeutung, empfehle „Gotteslohn" als Bezahlung für kirchliche Arbeiter und sehe im übrigen in den Kirchen Anstalten, die Geld zur Stillung eines „öffentlichen Bedürfnisses" brauchen.

Aber – warum sie nicht aufhören können, über die Kirche zu reden, das wissen sie wohl selber nicht: die Ausgetretenen und die, die nur „vergessen" haben auszutreten.

Der größere Atem

Wen hat der Wiener Stephansdom noch nicht fasziniert? Aber noch mehr beeindrucken die Menschen, die sich vor Jahrhunderten entschlossen haben, dieses große Haus zu bauen. Der Bauherr, ein Erzherzog, entschließt sich, eine Kirche zu bauen, die er nie fertig sehen wird. Und trotzdem will er sie bauen. Und dann wird es 300 Jahre dauern. Und unserer Generation geht schon nach 20 Jahren AKH die Luft aus.

Die Künstler und Arbeiter – sie arbeiten an einem Projekt, das sie nicht vollenden werden. Sie werden sterben, und diese Kirche wird immer noch eine Baustelle sein. Und trotzdem – sie haben Freude an ihrer Arbeit.

Die Zeitgenossen, die Zuschauer – man verspricht ihnen eine Kirche, in die sie nie gehen werden. Glauben sie an dieses Wunderwerk? Freuen sie sich auf diese Kirche über den Tod hinaus? Oder meinen sie längst zu wissen: „Des wird nie fertig! Ihr werd's es schon sehen." Und das Teuflische dabei ist: Das werden sie wirklich sehen, werden sie doch ein Leben lang an einer Baustelle vorbeigehen.

Und darum ist der Stephansdom ein steinernes Gleichnis für den großen, den längeren Atem. Die Botschaft des Domes: Es geht nicht alles auf einmal. Finde deinen Anteil an einem Werk, das in jeder Hinsicht über dich hinausreicht. Befreie dich von der Illusion, daß alles sofort gehen müßte. Und wenn man nicht alles sofort durchsetzen kann, dann läßt man es eben oder erzwingt es. Man unterschätze nicht die Gewalttätigkeit, die in den Herzen der Idealisten lauert.

Wahrscheinlich wird die jetzige Generation nicht den ungeteilten Weltfrieden erleben. Aber trotzdem ist es wohl ihre Aufgabe, die Grundlagen für den Weltfrieden zu schaffen. Wahrscheinlich wird die jetzige Generation nicht die völlig saubere Umwelt erleben. Aber sie muß wohl die Voraussetzungen dafür entwickeln und erkämpfen.

Wahrscheinlich wird die jetzige Generation noch nicht das

Ende des Hungers erleben. Aber gerade sie muß wohl an einem neuen Wirtschaftssystem jenseits der alten Ideologien arbeiten. Wahrscheinlich wird die jetzige Generation noch nicht das Ende jedes Rassismus erleben, trotzdem muß gerade sie den politischen Neubau der Welt angehen.

Wahrscheinlich wird die jetzige Generation noch nicht die vollendete Ökumene erleben, aber gerade deshalb muß sie sich weiter mit den unbiblischen Konkretionen aller Kirchen auseinandersetzen.

Wer den größeren Atem hat, wird diese Welt bestimmt ein wesentliches Stück weiterbringen, die ideologischen Hektiker haben ihr höchstens „die Haxen ausgerissen".

Giraffen-Therapie

Bei Vollmond Giraffen auf den Kopf zu spucken, das ist der neueste Schlager auf dem Gebiet der Psychotherapie. Ein einschlägiger Kongreß hat diese Therapie vorgestellt: Der Mensch – so ihr theoretischer Ansatz – hat unbewußt und archaisch tief verwurzelt einen Minderwertigkeitskomplex gegenüber Giraffen. Denn die Giraffen sind ihm durch ihre schlanke, aufrechte Größe ähnlich und kommen ihm zugleich haushoch überlegen vor.

Für nur 299 Dollar bieten die Therapeuten das heilende Urerlebnis an: einmal von einer Leiter aus, und natürlich mit der – vorher eingeübten – Stimmung, bei Vollmond einer Giraffe auf den Kopf zu spucken.

Noch ist diese höchst natürliche Methode, an die Wurzel der Minderwertigkeitskomplexe zu gehen, bei uns nicht eingeführt. Aber es könnte ja noch kommen, daß die psychiatrische Universitätsklinik eine Außenstation in Schönbrunn errichtet; oder ein progressiver Bio-Pfarrer – wie von ungefähr – ganz zufällig samt Seelsorgekind und Leiter bei einem Giraffenkäfig vorbeikommt.

Aber muß es unbedingt eine Giraffe sein, daß der Kleine endlich einmal das herrliche Gefühl auskosten kann, dem Großen überlegen zu sein? Auf biblische Rezepte à la David und Goliath wird man aus humanen Gründen natürlich nicht zurückgreifen, aber der Heurige bietet seit alters her eine Therapie gegen Minderwertigkeitskomplexe an, die mit der „Giraffen-Methode" durchaus zu vergleichen ist.

Da träumt in einem Wienerlied ein erwachsener Mann davon, „amal no a klaner Lausbua zu sein", damit er aussikraxeln kann aus der Dachbodnlukn und dem Hausherrn auf die Glatze spucken. Aber das kann man leider auch nur singen: denn heutzutage ist der „Hausherr" für viele Mieter so unerreichbar geworden wie eine Giraffe.

Und darum sollte man das Problem versuchsweise einmal ganz anders angehen: sich nicht um die zu kümmern, die Minderwertigkeitskomplexe haben, sondern um die, die diese Komplexe anderen durch ihr Verhalten anzüchten: die Giraffen und die Hausherren, die Großen und Starken, die Reichen und Mächtigen, die Chefs und Vorgesetzten aller Art. Ob die sich – der Abwechslung halber – einmal freiwillig auf den Kopf spucken lassen könnten.

Vielleicht könnten sie dadurch einigen Minderwertigkeitskomplexen den Garaus machen. Aber bis auf weiteres sind wohl die Chancen für so eine „sanatio ex radice" der Minderwertigkeitskomplexe so groß wie die Wahrscheinlichkeit, einer Giraffe bei Vollmond auf den Kopf zu spucken.

Rotes Lied

Ich werde rot. Rot wie Blut, Feuer und Glut – und die Rose. Rot wie ein Sonnenuntergang, ein Ziegeldach, ein Lippenstift. Rot wie ein Blitz, eine Verkehrsampel, die roten Brigaden.

Ich werde rot. Rot wie eine Kirsche, eine Himbeere, ein Apfel. Rot wie eine rote Fahne, ein roter Stern, das Rote Kreuz.

Rot wie Rotwein, ein Rotstift und Rotkäppchen.

Heute bin ich rot. Ich habe rote Wangen, rote Augen, rote Lippen. Ich habe rote Ohren, eine rote Nase, rotes Haar. Meine Füße sind rot angelaufen, ich sehe rot, meine Seele brennt wie Feuer.

Rot ist die Liebe, alles Leibliche, und Irdische, die Mutter. Rot ist die Lieblingsfarbe der Kinder bis zum neunten Lebensjahr.

Rot ist die Farbe des Gesichts, des Krieges und der Ketzerverbrennung. Alle Göttinnen und Hexen sind rot, alle Opfer sind rot, die Sünde und der Vulkan.

Rote Geschichten gibt es viele: vom Rotkäppchen bis zur Revolution. Christen und Juden glauben an einen Gott, der sein auserwähltes Volk durchs Rote Meer geführt hat. Ohne Rot gibt es keine Religion, kein Christentum. Glühende Engel haben Jesaja zum Propheten gemacht. In einem feurigen Wagen ist Elia in den Himmel gefahren.

Rot ist der Teufel, der Satan, alles Diabolische. Und der Teufel ist der Herr aller kleinkarierten, rachsüchtigen Frommen.

Rot ist das Blut Christi, manche Christen trinken es täglich – Feministinnen ziehen das Blut der Maria vor.

Rot waren die feurigen Zungen, die zu Pfingsten an den ersten Aposteln geleckt haben.

Rot ist die Blutspur der Märtyrer durch die Geschichte.

Heute werde ich rot, weil mir schrecklich heiß ist, weil ich glühe vor Erregung, weil meine Wut heraus muß, weil mich die Visionen schütteln.

Alles rund um mich fängt rot zu leuchten an. Ich gehe durch den roten Schnee, setze mich in ein rotes Kaffeehaus; ein roter Ober bringt mir rotes Schlagobers auf dem roten Kaffee; aber ich verstehe seine roten Worte nicht, weil ein roter Pianist ein rotes Lied spielt.

Und ich bin längst errötet.

Outfit für den Glauben

Ein Kleid gefällig, etwas Passendes zum Anziehen, etwas, womit man sich zeigen kann. Denn die Zeiten des Paradieses sind vorbei, nackt allein genügt nicht mehr.

Warum? Nein, nicht aus „G'schamigkeit". Man sehe sich ein paar Stunden lang Nackerte an. Nichts ist trauriger als eine Anhäufung von Bäuchen, Hintern und Krampfadern. Da spürt man direkt den Schrei nach Gewand, nach Kultur.

Ein Feigenblatt gefällig? Oder etwas Solides? Ein Fellschurz aus der göttlichen Manufaktur, für Adam und Eva, daß sie nicht frieren jenseits von Eden. Was für ein Fortschritt, vom Fellschurz zum Brautkleid von Dior, und drin steckt immer noch die gleiche nackte Eva.

Ein kompliziertes Kleid gefällig, Textilien mit Bedeutung? Zum Beispiel ein Leiberl mit Krokodil, also der Königshieroglyphe. So etwas hat Pharao getragen, als Mose zur Audienz kam. Pomeisl und Clinton im Pharaonenlook? Also ein Kleid mit Bedeutung gefällig. Die nächste Benetton-Kreation kommt bestimmt.

Und wenn man Paulus heißt und ein Apostel ist, dann bringt man auch den Glauben ins Outfit. Für die Herren vom Kameradschaftsbund eine „göttliche Waffenrüstung" gefällig? Laut Katalog: der Gürtel der Wahrheit, der Panzer der Gerechtigkeit, die Schuhe der Bereitschaft für das Evangelium, der Schild des Glaubens, der Helm des Heils, das Schwert des Geistes.

Warum denn nicht, schließlich hat sich auch das Böse in Schale geworfen und den Fluch angezogen wie ein Kleid: die Unterhose der Vergewaltigung, das Leiberl der Machos, das Hemd der Heuchelei und die Krawatte der Ideologie; dazu das Sakko der Ausbeutung und die Hose der Menschenverachtung, die Schuhe der Unterdrückung und den Mantel der Verharmlosung, den Hut der Lüge und die Handschuhe des Betrugs. Wer sich kleidet, verrät sich.

Nein, die Bluejeans der Lässigkeit genügen nicht, auch nicht das T-Shirt des Aussteigens und das Parfüm der Selbstverwirklichung. Man kleide vielmehr seine Haut mit Empfindsamkeit, seine Ohren mit Erbarmen, seine Augen mit Widerstand, seine Zunge mit Protest, seine Nase mit Kritik, seine Hände mit Liebe, seine Füße mit Hoffnung; und seinen Kopf mit Utopien, seine Stirne mit Alternativen, seinen Nabel mit Schönheit und seinen Hintern mit Geduld.

Und der Seele könnte vielleicht der Glaube passen.

Den Opernball absagen?

Was macht der Österreicher, was macht die Österreicherin, wenn sie dem Leid, der Angst, der Verzweiflung begegnen? Nein, nicht dem eigenen Leid – Gott bewahre – ich meine: Was machen die Österreicher, wenn sie – den Medien sei Dank – so ganz mittelbar mit dem Leid, der Angst und der Verzweiflung weit entfernt lebender Menschen konfrontiert werden? Antwort: Sie sagen den Opernball ab! Und sie haben dabei das Gefühl, etwas sehr Sinnvolles, Menschliches getan zu haben. Ja, sie haben geradezu ein Zeichen gesetzt. Denn: des geht ja wirklich net: „Stelln's ihna vur – da unt' in Arabien machen's fast an Weltkriag, und in Wien würden's tanz'n!" Und unter den Tänzern sind womöglich noch die Regierungschefs der kriegführenden Länder. Nein, das geht wirklich nicht. Und darum haben die Österreicher Charakter gezeigt und den Opernball abgesagt, und einige andere große und kleine Bälle dazu. Angesichts einer solchen Kriegskatastrophe darf sich das Glück eben nicht frech gebärden. Die Glücklichen brauchen die Unglücklichen nicht auch noch zu provozieren.

Nichts gegen diese gutgemeinte Geste. Aber – Hand aufs Herz – ist dem österreichischen Baum nicht wieder einmal ein riesiges Feigenblatt nachgewachsen? Ja, es ist gut, daß wir irgendwie spüren: Man kann doch nicht einfach so weiterleben, als wäre nichts geschehen – am Rand eines 3. Weltkriegs. Aber unser Mitgefühl wirkt hilflos, und unser Trauern irgendwie dilettantisch und „ehrenamtlich". Einige abgesagte Bälle machen noch keine Trauer. Mit Recht hat eine Karikatur vor kurzem das weiße, unschuldige Österreich in einem Meer von Blut gezeigt. Während anderswo gestorben wird, rollen bei uns die Mozartkugeln durch das Land, gewinnen „unsere Madln und Buam" Goldmedaillen, streitet man über die vielleicht kommende, nächste Weltausstellung.

Und nicht zu vergessen: Wir Österreicher haben ein Gefühl für Dimensionen: Da muß schon etwas wirklich Großes passieren, daß wir den Opernball absagen. Daß täglich 1000e namenlose Kinder krepieren, daß Millionen Sowjetbürger eine Hungerkatastrophe erleben, daß die baltischen Staaten niedergetreten werden, daß miese Spekulanten im In- und Ausland unsere Umwelt zerstören, daß alles hätte nicht ausgereicht. Da hätte der Opernball stattgefunden. Denn: Solange die Lava uns nicht gefährden kann, ist der Tanz auf dem Vulkan ja äußerst reizvoll. „Freuet euch mit den Fröhlichen, und weint mit den Weinenden" hat der Apostel Paulus vor langer Zeit an die christliche Gemeinde in Rom geschrieben. Aber das ist natürlich ein veraltetes Rezept. Heute angewandt, würde es wahrscheinlich zur Abschaffung des Opernballs und aller anderen Bälle führen. Denn zur Walzerseligkeit haben schon immer die glücklich geschlossenen Augen gehört!

Glückskinder leben gefährlich

Es war einmal ein junger Mann, anständig, tüchtig und erfolgreich. Dieser märchenhafte Anfang soll nur andeuten, wie märchenhaft sich oft die Wirklichkeit herausputzt. Dieser junge Mann war eben ein Glückskind. Bei ihm ist alles gut gelaufen. Er hatte eine wohlbehütete Kindheit und wurde geradezu zwangsläufig zu einem braven, folgsamen Buben.

Bei seinen Eltern fühlt er sich wohl, ja er kann sich gar nicht vorstellen, woanders zu leben. Einen Bruder hat er auch noch, einen älteren. Aber er ist der Liebling der Eltern, er wird in jeder Hinsicht bevorzugt. Ist ihm das überhaupt aufgefallen? Wenn ja, macht er sich Gedanken darüber? Oder findet er das ganz selbstverständlich, wo er doch so lieb, so brav, so fleißig ist.

Sein Bruder hat das alles nicht nur mitbekommen, sondern er hat darunter gelitten und allmählich beachtliche Aggressionen entwickelt. Aber der brave Bub weiß nichts von dem, was in seinem Bruder vorgeht. Er lebt wie ein Königskind. Diese Kindheitserlebnisse haben den Buben für sein Leben geprägt, vielleicht sogar seinen Tod verschuldet. Der Haß seines Bruders ist so groß geworden, daß er ihn eines Tages erschlagen hat.

Und die Moral von der Geschichte, der Geschichte von Abel und Kain? Die Glücklichen, die Erfolgreichen, die Glückskinder also, haben oft gar keine Ahnung, wie viele Aggressionen sie wecken, wie unbeliebt, ja verhaßt sie sind. Aber die Glücklichen wollen das nicht wahrhaben – wie Abel. Für Abel ist das ganze Leben ein Ausbund an Positivität. Er ist überzeugt davon, daß sein Glück, seine Bevorzugung letztlich Gottes Wille ist.

Hätte Gott Abel gefragt, wo sein Bruder Kain sei, dann hätte Abel wahrscheinlich gesagt:

„Soll ich meines Bruders Hüter sein?" Nur eines hat noch zu Abels Glück gefehlt, nämlich daß sich Kain darüber freut, daß er gern die Nummer zwei spielt: Hätte es Kain ganz in Ordnung gefunden, daß er weniger Liebe, Erfolg, weniger Anerkennung findet, dann wäre Abels Glück vollkommen gewesen.

Man sollte meinen, daß niemand so naiv, blöd und arglos sein kann. Aber man frage doch einmal die Glückskinder dieser Welt, ob ihnen ihr Glück, ihre Bevorzugung schon einmal unerträglich gewesen ist. Haben die Glückskinder je den Gedanken gehabt, daß etwas nicht in Ordnung sein könnte, weil es ihnen ständig besser geht als den vielen anderen Menschen?

Haben die Glückskinder je an der Gerechtigkeit Gottes gezweifelt, weil es nur ihnen so gut geht? Wie oft wird Abel noch glauben, daß es für ihn keinen Kain geben könnte?

Homosexuell mit der Bibel

Vor einigen Monaten wollten Homosexuelle – Frauen und Männer – in Wien einen ökumenischen Gottesdienst veranstalten. Und so hat man der Reihe nach bei verschiedenen Wiener Kirchen angefragt. Das Ergebnis war: Überall hinausgeworfen. Die refrainartige Antwort: „Bei uns nicht!" Darauf die obdachlosen Veranstalter: „Wieso eigentlich? Viele von uns sind doch überzeugte Christen." Und die frommen Hinauswerfer – in schön ökumenischer Eintracht: „Das ist schön und gut, aber ihr seid eben auch homosexuell!"

Schließlich haben sie Unterschlupf in einer evangelischen Kirche in der Dorotheergasse gefunden – mit Billigung und Beschluß des Presbyteriums, also der „Pfarrgemeinderegierung".

Wieso war das gerade hier möglich? Natürlich hat es heftige Diskussionen gegeben. Was sagt eigentlich der christliche Glaube zur Homosexualität? Und noch spezieller gefragt: Was sagt eigentlich die Bibel zu dieser Spielart menschlichen Lebens? Kommt Homosexualität überhaupt in der Bibel vor? Das Alte Testament läßt da nichts an Deutlichkeit zu wünschen übrig: „Wenn einer bei einem Mann liegt, wie man bei einer Frau liegt, so haben beide einen Greuel verübt. Sie sollen getötet werden. Ihr Blut komme über sie." (3. Mose 20/13)

Da sage noch einmal jemand, die Bibel würde keine klaren Anweisungen enthalten. Man bräuchte sie nur noch befolgen.

Nur, müßte man dann nicht auch mit allen anderen Sätzen genauso verfahren? Etwa: „Eine Frau soll nicht Männersachen tragen, und ein Mann soll nicht Frauenkleider anziehen, denn wer das tut, der ist dem Herrn, deinem Gott, ein Greuel." (5. Mose 22/5) Und, gibt es nicht im Alten Testament die Polygamie als eine selbstverständliche Rechtsform?

Aber vielleicht sollte man besser mit dem Neuen Testament argumentieren. Paulus sagt doch ein klares Nein zu praktizierter Homosexualität. (Röm. 1/26-29) Aber sagt er nicht auch „Das Weib schweige in der Gemeinde?" Und wir haben trotzdem evangelische Pfarrerinnen?

Letzter Versuch: Was sagt Jesus dazu? Erstaunlicherweise gar nichts. Aber eines ist jedenfalls auffällig: Sein liebevoller Umgang mit diskriminierten und unterdrückten Menschen. Diese Erkenntnis war entscheidend – und so hat es den „Schwulen- und Lesbengottesdienst" in der Dorotheergasse gegeben.

Ein Lernprozeß im „Jahr der Bibel" gefällig? Daß es um den Geist der Bibel geht und nicht vordergründig um den Buchstaben! Denn, wenn man/frau die Homosexuellenstellen der Bibel wörtlich nehmen will, dann muß man wohl auch glauben, daß die Welt in sechs Tagen entstand und der Hase ein Wiederkäuer ist. (3. Mose 11/6)

Herrlich verrückt

„Nun bleiben Glaube, Hoffnung, Liebe – diese drei. Aber die Liebe ist die größte unter ihnen." Friedrich Dürrenmatt hat diesen Satz des Apostels Paulus so kommentiert: „Ja, die Liebe ist die größte unter diesen dreien. Aber die zäheste unter ihnen ist die Hoffnung." Nur, die Hoffnung mag noch so zäh sein, sie braucht als Nahrung gute Geschichten, um überleben zu können. Eine dieser Geschichten – ihr „Held" ist der Prophet

Jeremia – zeigt, wie herrlich verrückt ein Mensch sein kann, wenn er justament voller Hoffnung ist.

Jeremia war eingesperrt. Er hatte seinem König genau die Katastrophe vorausgesagt, die dann auch eingetroffen ist. Die Stadt ist ringsum von Feinden umgeben. In diesen turbulenten Tagen bekommt der Häftling Jeremia Besuch. Ein Verwandter hat ihn im Gefängnis aufgestöbert und will ihm einen Acker verkaufen. Denn nach altem Recht haben in so einem Fall die Verwandten das Vorkaufsrecht. Der Acker ist allerdings längst in Feindeshand gefallen, aber Jeremia hat eben einen Verwandten, der weiß, was sich gehört.

Man stelle sich diesen Triumph der Korrektheit a. D. 1995 vor: Eine Stadt, ein Land, ja die Welt könnte brennen, und irgendwo wird ein Trafikant Stempelmarken verkaufen. Oder zeigt hier die Hoffnung schon ihre Zähigkeit? Denn wer fünf Minuten vor zwölf Stempelmarken verkauft, ist ja kein hoffnungsloser Pedant, sondern einfach nicht bereit, sich mit der „Realität" abzufinden.

Bei Jeremia war es ähnlich. Natürlich hat er das Absurde der ganzen Situation gespürt: Mitten im Krieg, im Gefängnis, soll er einen Acker kaufen, der bereits in Feindeshand ist. Aber noch viel stärker hat er wohl gespürt, daß er diesen Acker trotzdem kaufen muß. Denn, um die Hoffnung am Leben zu erhalten, muß man von Zeit zu Zeit etwas ganz Verrücktes tun – vor lauter Hoffnung.

So ist der biblische Abraham noch als 80jähriger in ein „gelobtes Land" aufgebrochen und Israel aus der Sklaverei in Ägypten einfach fortgezogen. Verrückt! Vielleicht sollte ich mir einen Schrebergarten in Bosnien kaufen, obwohl sich derzeit niemand dort den Frieden vorstellen kann.

Könnte es sein, daß gerade ein anscheinend verrücktes Verhalten Hoffnung bewirkt? Könnte das ein Rezept sein? Könnte man nicht mit den „guten Werken der Verrücktheit" Hoffnung provozieren?

Es ist eben nicht egal, ob man einem schlechten Schüler

einen Lorbeerkranz schenkt oder eine Broschüre für Arbeitslose. Wo einer – allen Traurigkeiten zum Trotz – die Schwester der Hoffnung, die Verrücktheit küßt, da hat seine persönliche Adventzeit begonnen.

Schau, der Himmelvata, na, der vergißt di net

Nicht „Herr" oder „Allmächtiger" oder sonst einen hohen Ehrentitel hat Jesus verwendet, wenn er Gott angesprochen hat. Er sagt zu Gott „Abba". Das heißt auf deutsch „Vater", noch genauer: Väterchen, Papa. Jesus hat wirklich gebetet: „Papa im Himmel."

Die Kirchen hingegen reden Gott distanziert an, in unverlangter Devotheit.

Nur in der Volksfrömmigkeit, da lebt der „Abba", der „Papa" mehr oder weniger anerkannt fort. „Allmächtiger und barmherziger Gott" sagt der Pfarrer, aber die Leute sagen beharrlich: „Lieber Gott!" und scheren sich um keinen frommen Benimm.

Aber am stärksten lebt Jesu vertrauliche Anrede beim Heurigen, in der „pietas Vindobonensis". Das Gottesbild dieser Lieder ist oft genug von seinen intellektuellen, auch theologischen, Verächtern verspottet worden.

Am Stadtrand von Wien lebt die Erinnerung an die Vertrautheit, die zwischen Gott und den Menschen sein kann. Gott, ein Freund, der da ist, wenn man ihn braucht. Ein gütiger, alter Herr da oben. Warum nicht? Zu ihm kann man jederzeit kommen, sich aussprechen, sich ausweinen. „Himmelvata" – das ist nicht respektlos gesagt, sondern kindlich, voller Hoffnung. Man ärgere sich nicht darüber, daß hier auch die Überzeugung herrscht: „Der Herrgott muß a Weaner sein." Gott ist genauso ein Wiener, wie er natürlich auch ein Jude ist. Und das paßt 50 Jahre danach auch noch nicht allen Frommen in unserem Land.

Natürlich gibt es auch kitschige Heurigenlieder, so wie es ja auch kitschige Lieder im Kirchengesangbuch gibt. Sogar der reformatorische Verzicht auf jede menschliche Selbstrechtfertigung steckt in einem dieser Lieder:

„Schau der Himmelvata, na der vergißt di net. Und so an klan Strawanza, na den frißt er net. Er wird bestimmt an Anfang noch a bissel brummen, es kann do net a jeder glei in Himmel kumman... Er laßt dich sicherlich ganz still und fein, bei aner Hintertür in' Himmel nein."

Man vergleiche das einmal mit: „Wir kommen alle, alle, alle in den Himmel, weil wir so brav sind!"

Das ist – theologisch gesehen – Ketzerei. Man hat den Eindruck, in Luthers Landen feiert die „Werkgerechtigkeit" fröhliche Urständ. Der fromme Wiener hingegen weiß, daß er nur deshalb in den Himmel kommt, weil er gute Beziehungen hat, eine „Gottes-Beziehung" nämlich.

Als Wiener und Pfarrer wünsche ich mir jetzt nur noch, daß gerade die Wiener diesen gütigen, liebevollen Gott eines Tages auch in der Kirche entdecken mögen.

Gottes Sohn, der Gotteslästerer

Gotteslästerung ist sozusagen ein ökumenisches Problem. Es stellt sich in allen großen Weltreligionen, die durch den Glauben an einen persönlichen Gott bestimmt sind. Wen wundert es da, daß die heftige Auseinandersetzung um die Frage der Gotteslästerung im Islam auch Christen neu fragen läßt: Wie ist das bei uns?

Wenn man unter Gotteslästerung die Beschimpfung und Beleidigung Gottes versteht, dann befindet sich das Christentum in einer besonderen Situation.

Denn im Zentrum des christlichen Glaubens steht – kirchenjahresmäßig festgehalten und symbolisiert – die große Gotteslästerung schlechthin. Menschen ermorden den Sohn Gottes, ja sie verhöhnen sogar noch den Sterbenden am Kreuz: „Die Vorübergehenden aber lästerten ihn, schüttelten die Köpfe und sagten: Der du den Tempel zerstörst und in drei Tagen aufbaust, rette dich selbst, wenn du der Sohn Gottes bist, und steig vom Kreuz herab. Ebenso spotteten die Hohenpriester samt den Schriftgelehrten und Ältesten..."

Er hat auf Gott vertraut, der soll ihm jetzt heraushelfen, wenn er ihn lieb hat. Er hat ja gesagt: „Ich bin Gottes Sohn." Hier am Kreuz von Golgotha hat eine Gotteslästerung stattgefunden, die nicht mehr zu überbieten war. Die Theologen in allen Kirchen sind sich darüber einig, daß diese größte Gotteslästerung nicht einfach den Zeitgenossen Jesu Christi angelastet werden darf. Die grundsätzliche Bereitschaft, den Sohn Gottes immer wieder zu ermorden, wenn er wiederkäme, steckt also in jeder Generation.

Diese bittere, aber realistische Selbsterkenntnis hat ja bekanntlich Dostojewsky dichterisch gestaltet. Es fragt sich allerdings, inwieweit routiniertes Begehen des Karfreitags überhaupt die Abgründe wahrnimmt, die dieser Tag im Bewußtsein erhalten möchte. Nicht Krokodilstränen soll der Christ am Kreuz Christi vergießen, sondern mit einem gewissen Erschrecken den latenten Verräter, Verleugner und Lästerer des Sohnes Gottes und damit Gottes selber spüren. Da leuchtet erst die frohe Botschaft dieses „schwarzen Freitags" auf: „Vater, vergib ihnen, denn sie wissen nicht, was sie tun" kann der wegen Gotteslästerung Verurteilte sagen und sein Leben zur Erlösung für die „Sünder" aller Zeiten geben.

Christen bekennen also einen Gottessohn, der wegen Gotteslästerung verurteilt worden ist, und der als Sterbender von Leuten gelästert wurde, die sich wohl für die wahren Gottesverehrer gehalten haben. Und darum wäre es immerhin denkbar, daß Christen auf „Gotteslästerung" so reagieren könnten wie Christus.

Das Kreuz mit dem Kreuz

Auch die Calvinisten bekennen Jesus Christus als den „Gekreuzigten“ und sagen mit dem Apostel Paulus: „Die Rede vom Kreuz ist ein Unsinn für die, die verloren gehen; für uns aber, die wir selig werden, ist sie eine Gotteskraft.“

Aber in den evangelischen Kirchen der calvinistischen Tradition wird man vergeblich ein Kreuz suchen, denn das Bilderverbot, das 2. Gebot also, verbietet es. Damit wird zugleich verhindert, daß das Kreuz zum Einrichtungsgegenstand oder zum Schmuckstück verharmlost wird. Ein Kreuz um den Hals zu tragen, das ist so, als würde jemand eine kleine goldene Guillotine um den Hals tragen, ein silbernes Gaskammerl oder einen kleinen elektrischen Stuhl. Dazu paßt dann auch die lässige Art, wie heutzutage bereits Wehwehchen und Kleinstprobleme als „Kreuz“ bezeichnet werden. Auch Sätze bestimmter frommer Leute wie „Jesus ist für mich am Kreuz gestorben. Seit ich das weiß, bin ich wieder froh!“ muten eher gefühllos und unmenschlich an. Man versteht den Ausspruch eines Christen aus der Dritten Welt: „Was müßt ihr für schreckliche Leute sein, daß in eurem Versammlungsraum ein Galgen hängt.“ Und widerwärtig wird es, wenn kirchenleitende Personen die Schwierigkeiten, die sie mit den Gläubigen haben, mehr oder weniger vorsichtig um den Brei herumredend, mit der Passion Christi vergleichen.

Christus ist am Kreuz nicht für sich allein gestorben, sondern damit die anderen leben können. Wer könnte das abbilden? Begriffen hat es wohl als Erster der zum Tod verurteilte Barabbas: er war die Premiere der Erlösung. Schade, daß Barabbas nicht im Glaubensbekenntnis steht. Der Zweite, der die Bedeutung des Kreuzestodes Christi begriffen hat, intellektuell, also theologisch, war der Expharisäer Paulus. Für ihn ist Christus „im Kopf“ auferstanden, denn „die wahren Abenteuer sind im Kopf“.

Sicher wollte dieser Christus nicht, daß sich ihn die Christen um den Hals hängen, bis er ihnen zum Hals heraushängt. Aber wollte er, daß sie so leben, daß sie selbst in Kreuzesnähe geraten? Und so sind auch unzählige Menschen, Christen und vor allem Juden, Menschen vieler Religionen und politischer Überzeugungen freiwillig oder vergewaltigt gestorben, daß andere leben können. Seltsam, denn wahrscheinlich hat Christus gehofft, daß sein Kreuzestod der letzte sein würde.

Sterben tan immer die andern

Ein Totengräber macht sich keine Illusionen über seinen Beruf. Er weiß, das ist kein Traumberuf. Er weiß, daß er eher eine Art Leuteschreck ist: „Freilich sagen die Leut, des is a Totengraber, mit dem möcht' i nix z'tuan hab'n."

Der Totengräber ist eine Art Totenvogel. Wo der ist, ist die nächste Leich net weit. Und viele Leut' haben es gar nicht gern, an Tod und Sterben erinnert zu werden. Und so leben die Leute viele Jahre, als ob sie unsterblich wären. Der Satz ist banal: Alle Menschen müssen sterben. Aber gehöre ich zu „allen Menschen"? Ich weiß, daß ich einmal sterben muß, aber so ganz glaube ich das natürlich noch nicht. Und so feiert die Illusion fröhliche Urständ', daß man vor dem Tod davon rennen könnt, daß man ihn verdrängen könnte wie der alte Goethe.

Irgendeinmal geht man ja doch auf den Friedhof, zu Allerheiligen oder zu einem Begräbnis, aber das stört den modernen Unsterblichkeitsglauben nicht. Die Erfahrung zeigt ja: Sterben tan immer die andern! Man hört, daß die anderen gestorben sind; man sieht zu, wie ihre Särge in die Erde versenkt werden: „Erde der Erde, Asche der Asche, Staub dem Staub" – und an Schmattes für den Totengraber. Und das Leben hat mich wieder. Und beim Weggehen vom Friedhof sagt eine innere Stimme: Dich hat es nicht erwischt. Dich wird es nie derwischen. Sterben tan immer die andern.

Aus dieser surrealistischen Erkenntnis ergibt sich gern ein leichtsinniger Lebensstil: Mir kann nix passieren! Schließlich haben die Verkehrsunfälle auch immer die anderen. Nur keine Angst – besoffen am Volant ist schick. Und ein ebenso einfühlsamer Bestatter wird die Aufbahrung in einem ebenso schicken Anzug vornehmen. Hat der Tod vielleicht auf die Leut' an besonderen Gusto, die ständig so tun, als gäb's ihn gar nicht, den Gevatter?

Die lebensgefährliche Religion des Leichtsinns hat viele Mitglieder. „Schnallst du dich nicht an?“ frage ich einen Freund beim Einsteigen in sein Auto. „Nein“ sagt er, „denn dann würd' ich meinen Schutzengel frustrieren.“

Es mag paradox klingen, aber: Wer ans Sterben denkt, lebt länger. Wer den Tod nicht verdrängt, auf den hat er vielleicht sogar lange keinen Appetit.

Die Menschen in früheren Zeiten, für die hieß Leben auch sterben zu lernen. Sie wußten, daß Lebensgenuß etwas mit dem Tod zu tun hat. Eine heitere Gelassenheit dem Tod gegenüber galt als lebensverlängernd und irgendwie beneidenswert. So hat ein bekannter reformierter Prediger auf dem Totenbett zu einem Besucher gesagt:

„Und morgen kommst du wieder zu mir auf Besuch und schaust nach, ob ich noch leb'!“

Der Tod derpackt den Menschen net!

Ein alter Sozialist kurz nach dem Tod von Bundeskanzler Kreisky zu mir: „Der Kreisky kann gar net sterben. Der lebt weiter, selbst wann er tot ist. Weil – so lang die SPÖ, was heißt die SPÖ, so lang es Österreich gibt, werd'n die Leut' vom Kreisky red'n; was er g'sagt hat, was er g'tan hat.“

Und ich: „Da haben Sie recht.“ Und dann ist es mir so herausgerutscht: „Mit dem Kreisky ist es halt so wie mit dem

Jesus – der Tod derpackt ihn net!" Mein Gesprächspartner war nicht glücklich über diesen Vergleich. Aber immerhin hat er gesagt: „Naja, irgendwie ham S' vielleicht recht. Ihnen muß ja zu allem irgend etwas Frommes einfallen." Na, wie auch immer, aber ich steh' auf den Satz: „Der Tod derpackt den Menschen net!" Für die, die jemanden nicht gemocht haben, fast eine Enttäuschung. Sie haben geglaubt, tot ist tot, fort ist fort. Aber in Wirklichkeit „ka Red davon".

Da ist einer gestorben und – die Leut' reden weiter von ihm, als wär er noch immer da. Der ist nicht zum Umbringen. Ein alter Weaner: „So richtig tot bist erst, wann niemand mehr red't von dir."

Aber ob das die anderen erleben, bevor sie selber sterben. Beim Kreisky? Beim Jesus sind es immerhin schon bald 2000 Jahre.

Nur, was für Jesus gilt, gilt für alle Menschen. So steht es zumindest in der Bibel.

Also, die Auferstehung kommt nicht irgendwann. Die Auferstehung geht gleich los, die Auferstehung in die Menschen hinein. Z. B. bei Jesus: Es ist unmöglich, ihn totzuschweigen. Er lebt einfach weiter: in den Geschichten, die man von ihm erzählt; in seinen guten Geschichten wie dem „Barmherzigen Samariter" oder dem „Gleichnis vom verlorenen Sohn"; in seinen Aussprüchen wie in der einschlägigen Sammlung der Bergpredigt.

Und mit den anderen Menschen ist es genauso. Das Grab derpackt sie nicht.

Das ist natürlich kein Beweis für die Auferstehung, aber doch ein Hinweis. Wie steht einer schon jetzt auf von den Toten? Wie lebt einer weiter, obwohl er schon tot ist? Und eben, nicht irgendeinmal, sondern jetzt, jetzt gleich. Antwort: In den guten Geschichten, die man von ihm erzählt. Mögen diese Geschichten auch manchmal ganz einfach sein – aber sind wahrscheinlich gerade deswegen gut jesuanisch. Eine alte Dame z. B. ist schon lange tot. Aber die Leute in ihrer Firma reden noch heute davon, wie sie eines Tages mit einem riesigen Reindl voller Marillenknödeln aufgetaucht ist – von denen die Tochter immer vor der ganzen Belegschaft geschwärmt hat. Der Tod hat sie nicht derpackt!

Der Totengraber als Auferstehungsgehilfe

Wenn man genau Bescheid wissen will, muß man Fachleute fragen. Auch für den Tod gibt es Fachleute. Ich meine jetzt nicht Ärzte und Pfarrer, sondern die, denen der Tote ganz gehört, die Totengräber: gemütlich-unheimliche Menschen, die ein Leben unter Toten führen – mit Verwesung als Parfüm.

Ist mit dem Tod alles aus? Der Totengräber weiß es: „Wir lassen den Sarg aba und Schluß basta. An Kollegen hamma genauso beerdigt. Mir kumman alle dran. Mir bleib'n net über. Mir werd'n net überbleib'n. Wias im alten Sprichwort haßt: Wer andern eine Grube gräbt, fällt selbst hinein. Von da Erd'n kommst und zua da Erd'n gehst ... Von uns san no alle in da Erd'n drin. De was verbrennt werd'n, kumman in d'Höll. Außer mir grab'n s' aus!"

Der Totengraber ist ein Realist, der schaut auf seine Leichen. Dem verschwindet keine. Das wär' so was. Nichts wie Scherereien hätt' er dann. Aber wer stiehlt heutzutag' schon Leichen?

Der Totengraber paßt schon auf, daß alle Leichen ordentlich in der Erd' liegen – wie die Rosinen in einem Kuchen: „De san no alle in der Erden drin!" Fast stolz sagt er das, er hält etwas auf seine Berufsehre. Der Tote hat nur eine Möglichkeit als a Toter dem Friedhof zu entkommen, nämlich: „Außer mir graben s' aus!" wie der Totengraber so schön gesagt hat.

Hier bekommt der Beruf des Totengrabers eine göttliche Dimension. Wenn er net die Leichen ausgrabt, bleiben s' ewig da drin in der Erden. Und ich habe eine Vision: Christus als Totengraber, der am Jüngsten Tag alle Toten ausgrabt, damit sie auferstehen können. Oder vielleicht wird Christus zuerst die Totengraber auferwecken, daß sie dann die anderen ausgraben? Das ist Arbeitsplatzsicherung bis ins Jenseits: vom irdischen Toteneingraber bis zum himmlischen Totenausgraber. Auch die Auferstehung braucht eben ihr Personal.

Die Details dieser Auferstehungsarbeit hat Abraham a Sancta Clara frei nach dem Propheten Ezechiel beschrieben:

„Da ein Kopf, dort ein halber Kopf, da eine Hirnschale, dort ein Zahn, da eine Kniescheibe, dort eine Rippe, da ein Armbein', dort ein Fußbein, nicht anders, als würden die Schneeflocken fallen, denn ein jedes sucht sein Glied, wo es hingehörte.

Ich glaub' Ezechiel ist bald auf diese, bald auf jene Seite gegangen, um zu sehen, ob sich alle an ihren vorigen Ort begeben haben. Kann schon sein, daß er ein Bein, wenn er es beim Kopf gefunden hat, obwohl es zu den Füßen gehört, ernstlich angeredet hat, was das soll. Fort mit ihm! Es soll dorthin, wohin es gehört. Presto. Rasch und ohne Widerrede! Darauf wurden alle diese Beiner mit Sehnen, Adern und Fleisch überzogen."

Auferstehung als ein gigantisches Puzzlespiel?

Und die Totengraber wissen schon, welche Baner z'sammg'hören. Und darum wird Christus an jenem Tag zu den Totengrabern sagen: „So meine Herren, jetzt fangen wir an mit der Auferstehung. Und jetzt grabt's alle aus, die's amal eingrabn habts."

Der liebe Augustin und die Auferstehung

Für manche Leute ist das ganze Leben ein ständiges Sterben und Auferstehen. Aber sie fühlen sich ganz wohl dabei, denn sie wissen, das geht so lange hin und her, bis sie endgültig auferstanden sind. So ein Mann war der liebe Augustin. Eigentlich hieß er ja Marx Augustin, 1643 wurde er in Wien geboren, seine Eltern waren Wirtsleute und bankrott. Augustin lebte in größter Armut, aber in der besten Laune der Welt.

Eine bürgerliche Beschäftigung roch ihm zu sehr nach möglicher Pleite, und so schlug er sich als wandernder Musikant durch: mit dem Dudelsack in den Wiener Wirtshäusern. Und besonders gern gastierte er im „Roten Dachl" am Fleischmarkt.

1679 war die Pest in Wien. Wiener Gespräche damals: „Der is g'storben, der stirbt g'rad, der wird bald sterb'n." Und Augustin half den Wienern, ihre Angst zu ersäufen und sang sein neuestes Trauerlied:

„Jeden Tag war sonst ein Fest, jetzt aber hab'n wir die Pest.
Nur ein großes Leichennest, das ist der Rest.
O du lieber Augustin, leg nur ins Grab dich hin.
O du mein herzliebes Wien, alles ist hin."

Dann trinkt er noch ein Seitl Kornbranntwein zum Drüberstran und wankt hinaus. Aber auf einmal hat sein Fuß keinen Grund mehr. Er fällt in eine Grube. Er fällt nicht hart, spürt einen wunderlichen Duft, weich, er schläft ein – und merkt gar nicht, daß mehrere Körper nachstürzen. Er war in eine Pestgrube gefallen.

In der Früh dann der große Schreck, Augustin schreit so lang, bis ihn die Pestknechte hören und herausziehen. Und – o Wunder – er hat nicht die Pest bekommen, sondern ist berühmt geworden.

Schon als Bub hat mir diese Geschichte gefallen. Aber erst der Wiener Musikant Karl Hodina hat mir den Augustin theologisch gedeutet: „Der Augustin – das ist ein Auferstandener; einer, der dem Tod entwischt ist. Ich glaube, wir entwischen alle dem Tod. Wir entkommen ihm, wie der Augustin der Pestgruam. Der Wiener hat Angst vor dem Sterben, aber nicht vor dem Tod." Und diese Einstellung zum Tod hat den Wiener ja beinahe weltberühmt gemacht.

Augustin hat übrigens aus seinem Pestgrubenerlebnis ein Lied gemacht, das er unter großem Hallo im „Roten Dachl" vorgesungen hat – eine Art Wiener Psalm von Tod und Auferstehung; ein Trostlied für jeden, der auch einmal in die Grube fallen sollte. Für Augustin hat das bedeutet: Wer dem Tod von der Schaufel g'hupft is, der praktiziert einen neuen Lebensstil, heiter und sorglos, quasi voller Gottvertrauen.

Der Beweis sind seine Lieder:

„Mir is alles ans, ob i a Geld hab oder kans ..." „Die ihr aber drüber lacht, daß ich mich in alles schicke, und zu viel aus etwas macht, seht, es dient zu keinem Glücke: Grübelei ist Narretei, alles sei euch einerlei!"

So „gelöst" kann nur ein Mensch leben, der schon einmal von den Toten auferstanden ist.

„Jüngstes Gericht" über die Dinge

In unserer Zeit ergeht ein fürchterliches „Jüngstes Gericht" über die Dinge. Was kaputt ist, wird weggeschmissen. Ja, die Produktion selbst ist längst vom „Geist" der Morbidität geprägt, produziert sie doch bewußt zum Wegwerfen: vom Wegwerffeuerzeug bis zu den Wegwerfmöbeln – alles ist zukünftiger Müll. Und ohne Müllabfuhr kein Leben!

Kaputte Sachen reparieren, nein – viel zu teuer. Alles ist ersetzbar lehrt der – demnächst für die Schulbuchaktion vorgesehene – Katechismus der „fröhlichen Wegwerfgesellschaft".

Das ist Erfindergeist: von der Wegwerfwindel bis zum „Wegwerfausländer" – wir ham's ja!

Umso erfreulicher ist es, wenn Konfirmanden, also 14- bis 15jährige, den Ungeist der Unmenschlichkeit und Nekrophilie bekämpfen, indem sie satirische Lieder schreiben: „Wir schmeißen alles, alles, alles in den Kübel: weil das so ‚in' ist, wenn etwas hin ist. Das sieht selbst der Petrus ein. Und denkt sich: Ja – das ist fein. Und schmeißt uns alle, alle, alle in die Hölle rein."

Oder eher besinnlich: „Ein Männlein liegt am Boden ganz

still und stumm. Es wurde g'rad zertreten vom Publikum. Sag, wer mag das Männlein sein, das da biß ins Gras hinein, mit dem ganz zerrissenen Mäntelein?"

Diese Lieder klingen nur lustig. Eigentlich sind sie ja gesungene Sündenbekenntnisse, voll von prophetischem Geist.

Denn der Gott, an den diese jungen Christen und Christinnen – natürlich wollen sie nicht so genannt werden – glauben, ist kein Wegschmeißer. Er schmeißt weder die Dinge weg, geschweige denn die Menschen.

Was diese modernen Prophetenschüler bewegt, hat der Prophet Jesaja klassisch so formuliert: „Sie werden das geknickte Rohr nicht wegwerfen, sondern reparieren. Sie werden den noch glimmenden Docht nicht wegwerfen, sondern ihn putzen und ihm frisches Öl geben."

Das Heil, die Heilung beginnt also bei den Dingen. Konkret – wo bewußte Christen leben, gibt es weniger Müll. Die Müllfrage ist also im Grunde genommen eine Glaubensfrage, so materiell ist der christliche Glaube.

Hier entwickelt sich ein neuer Frömmigkeitsstil: Christen sind Bastler und Reparierer. Wegschmeißen riecht nach Sünde. Oder sprichwörtlich: Zeig mir deinen Mistkübel, und ich sage dir, was mit deinem Glauben los ist.

Auferstehung

Ihr glaubt nicht, daß Christus auferstanden ist von den Toten?

Warum dann die vielen Kirchen? Reißt sie doch ab: die Grabeskirche in Jerusalem, die Peterskirche in Rom und Genf, die Schloßkirche zu Wittenberg und die Stephanskirche in Wien.

Ihr glaubt nicht, daß Christus auferstanden ist von den Toten?

Warum dann die vielen Konfessionen? Hört doch auf, Katholiken und Protestanten, Orthodoxe und Altorientalen, Altkatholiken und Methodisten zu sein.

Ihr glaubt nicht, daß Christus auferstanden ist von den Toten?

Warum dann die vielen Geistlichen? Entlaßt doch den Papst und die Patriarchen, kündigt die Bischöfe und die Oberkirchenräte, die Pfarrer, die Kapläne und Vikare.

Ihr glaubt nicht, daß Christus auferstanden ist von den Toten?

Warum dann die vielen Feiertage? Schafft doch den Sonntag ab, die Weihnachten, die Ostern und Pfingsten, die Donnerstagfeiertage.

Ihr glaubt nicht, daß Christus auferstanden ist von den Toten?

Warum dann die vielen kirchlichen Veranstaltungen? Schluß mit der Taufe, dem kirchlichen Begräbnis, dem Gottesdienst, der Beichte, dem Abendmahl.

Ihr glaubt nicht, daß Christus auferstanden ist von den Toten?

Warum dann der große Aufwand? Verzichtet doch auf den Religionsunterricht, die religiösen Sendungen, die Militärseelsorge, die Kirchenfürsten bei Einweihungen und Eröffnungen.

Ihr glaubt nicht, daß Christus auferstanden ist von den Toten?

Warum dann die vielen Konferenzen und Konzile? Begreift doch, daß es dann keinen Sinn hat, daß die großen Weltreligionen mit den Christen reden, und die Christen mit den Atheisten, geschweige denn die Christen untereinander.

Ihr glaubt nicht, daß Christus auferstanden ist von den Toten?

Warum dann diese Frömmigkeit? Laßt doch das Beten und das Predigen, die Wallfahrten und Prozessionen, die Rosenkränze und Bibelstunden.

Ihr glaubt nicht, daß Christus auferstanden ist von den Toten?

Warum dann so viel Hoffnung? Dann werft doch die Bibeln weg und kauft euch ein schönes Grab: denn ihr werdet ewig drin liegen.

Aber vielleicht tut ihr nur so, als würdet ihr nicht glauben, daß Christus auferstanden ist von den Toten?

Andulka und die Auferstehung

Da hat man ein Leben lang auf den lieben Leib geschaut, und dann sollen ihn die Würmer fressen? Träumt deshalb der fromme Egoist von der Auferstehung?

Und darum soll erzählt werden, warum die Egoisten liegen bleiben werden und die alte Andulka wieder aufstehen wird. Ein Leben lang hat die alte Andulka als Kammerfrau bei einer Fürstin gedient.

Sie war längst zu einem Familienmitglied geworden; und daß man vielleicht eines Tages würde auf sie verzichten müssen, das lag für sie außerhalb des Vorstellbaren. Doch dieser Tag kam unweigerlich näher. Die alte Andulka wurde krank – und es war die Krankheit zum Tod. Die alte Fürstin kam täglich zu ihr, umsorgte und tröstete sie.

Hauptgegenstand des Trostes waren Andulkas trübe, an Selbstvorwürfe grenzende Überlegungen, was denn die alte Fürstin ohne sie anfangen würde. Aber kein Zuspruch hat geholfen und keine Versicherung, daß es mit dem Alleinsein gar nicht so schlimm bestellt wäre; daß nicht nur Kinder und Kindeskinder, sondern auch Freunde und lang erprobte Hausleute bereit stünden – die alte Kammerfrau hat nur immer wieder traurig den Kopf geschüttelt.

Sie konnte sich einfach nicht damit abfinden, daß es für sie nichts mehr zu tun gäbe, oder daß es eine andere Person an ihrer Stelle tun würde.

Plötzlich – ganz kurz bevor sie diese Welt verließ – ist ein Leuchten über ihr Gesicht gegangen, und sie hat der Fürstin zugeflüstert: „Aber – vielleicht kann ich Durchlaucht bei der Auferstehung behilflich sein?"

Und Friedrich Torberg, dem ich diese Geschichte von wahrhaft biblischer Größe verdanke, fügt noch hinzu: „Und das Schönste daran ist, daß sie beide – Fürstin und Kammerfrau – von ganzem Herzen an diese Möglichkeit geglaubt haben."

Und – auf die Gefahr hin, der Übertreibung geziehen zu werden – füge ich jetzt hinzu: Überall, wo von der „Auferstehung der Toten" gesprochen wird, dort sollte man zugleich von der alten Andulka reden. Denn sie hat Christus in einer Tiefe begriffen, wie nur wenige seiner Jünger und Heiligen. Für Andulka war die Liebe wirklich stärker als der Tod. Sie hätte wahrscheinlich – etwas überspitzt formuliert – sogar auf die Auferstehung verzichtet, wenn sie nicht davon überzeugt gewesen wäre, dort auch ihre geliebte Fürstin wieder zu treffen.

Das Faszinierende bei Andulka ist: Für diese Frau gibt es keine Auferstehung ohne Nächstenliebe. Ein beglückender Unterschied zu jener heute weit verbreiteten Egoistenreligion, die immer noch „unschuldige" Kinder beten lehrt: „Lieber Gott, mach mich fromm, daß ich in den Himmel komm!"

Da hätte die alte Andulka „schen" geschimpft.

Gott ist kein Schweizer

Politiker bekommen manchmal die seltsamsten Briefe. Da ist auch der Schweizer Regierungschef keine Ausnahme. Er hat zum Beispiel folgenden Brief erhalten: „Sehr geehrte Herren, die Bundesverfassung der Schweiz fängt mit den Worten ‚Im Namen Gottes des Allmächtigen' an. Gerne hätte ich eine Dokumentation über diesen ‚Herrn Gott, den Allmächtigen' – mit Geburtsjahr, Geburtsort, aktueller Adresse, Telefon, Telex und Telefax. Ich danke Ihnen im voraus bestens für Ihre Antwort."

Der Schweizer Regierungschef hat diesen Brief durchaus ernst genommen. Und da er an ihn gerichtet war, hat er ihn auch nicht zuständigkeitshalber an die Reformierte oder die Katholische Kirche weitergereicht, sondern so geantwortet:

„Gott scheint nicht in der Schweiz geboren zu sein. Kein Geburtsregister gibt hier über ihn Auskunft. Der Allmächtige hat sich auch bisher nicht entschlossen, Abonnent der PTT

(= Post) zu werden, sodaß wir seine Adresse und Telefonnummer ebensowenig wie Telex- und Telefaxnummer ermitteln konnten. Möglicherweise verfügt er in seiner Allmacht über wirksamere Kommunikationssysteme."

Weiters stellt der Schweizer Regierungschef fest, daß der Briefschreiber aus Genf offenbar mehr über Gott weiß als die Regierung in Bern, denn: Mangels Geburtsregistereintrag ist es uns jedenfalls leider nicht möglich, festzustellen, ob Gott tatsächlich ein „Herr" ist.

Die wenigen vorhandenen Spuren seien nur „nichtamtlichen Zeugen" zu verdanken, geht es unter Hinweis auf einschlägige Bibelstellen weiter. „So soll sich Gott auf dem Berg Horeb dem Chef eines bedeutenden Volkes unter dem Namen ‚Ich bin, der ich bin' zu erkennen gegeben haben. Andere bezeugen, wenigstens seinen Sohn gekannt zu haben. Er soll zuletzt noch in Jerusalem, Emmaus und Galiläa et cetera gesehen worden sein, muß aber seither als verschollen gelten."

Der Brief ist zwar damit noch nicht zu Ende. Aber schon jetzt ist wohl deutlich geworden, daß im Lande des Helvetischen Bekenntnisses Politiker bemerkenswert exakt und originell Auskunft über Gott geben können.

Mit dieser Feststellung soll natürlich keineswegs der Eindruck erweckt werden, daß die führenden Politiker hierzulande etwa nicht imstande wären, ebenso bemerkenswert exakt und originell Auskunft über Gott geben zu können. Sie haben nur noch keine Gelegenheit dazu gehabt, denn in den Briefen der Österreicher an die Bundesregierung scheint der „Herr Gott" bis dato nicht vorzukommen.

Silber eleison, Gold eleison

Wenn ich von meiner Kirche durch die Dorotheergasse einmal ums Eck gehe, dann bin ich bei der Augustinerkirche. Hier hat einst Pater Abraham a Sancta Clara gepredigt. Und er hat den Wiener Gottesdienstbesuchern so richtig eingeheizt. Um ihnen zum Beispiel ihre nahezu göttliche Verehrung von Silber und Gold unter die Nase zu reiben, hat er ihnen in Form einer Art verfremdeter Liturgie gesagt:

„Silber eleison. Gold eleison. Silber erhöre uns. Gold erhöre uns. Silber erbarm dich unser. Gold erbarm dich unser.

Gold, du Ziel unserer Gedanken, wir bitten dich, erhöre uns. Gold, das du hinwegnimmst die Armut der Welt, erbarm dich unser. Gold, das du hinwegnimmst die Schulden der Welt, erbarm dich unser. Gold, das du hinwegnimmst alle Trübsal der Welt, erbarm dich unser. Silber eleison. Gold eleison.

Gold ist ein Gott, den alle anbeten. Gold, dir ist jeder hold:
Gold, dir ist der Kaiser hold.
Gold, dir ist der Papst hold.
Gold, dir ist der Bürger hold.
Gold, dir ist der Bauer hold.
Gold, dir ist der Bettler hold.
Gold, dir sind die Pfaffen hold.
Gold, dir ist die ganze Welt hold."

Heutzutage würde der Pater Abraham wahrscheinlich seine Litanei noch ein bißchen verlängern:

Gold, dir sind die Multis hold.
Gold, dir sind die Waffenhändler hold.
Gold, dir sind die Umweltzerstörer hold.
Gold, dir sind die Geheimdienste hold.
Gold, dir sind die Amerikaner hold.
Gold, dir sind die Russen hold.
Gold, dir sind die Iraker hold.
Gold, dir sind die Österreicher hold.
Gold, dir sind die Christen hold.
Gold, dir sind die Juden hold.
Gold, dir sind die Moslems hold.

Gold, dir sind die Konfessionslosen hold.
Gold, dir sind die Atheisten hold.
Gold, du führst die Präsidenten in Versuchung.
Gold, du führst die Politiker in Versuchung.
Gold, du führst die Ärzte in Versuchung.
Gold, du führst die Richter in Versuchung.
Gold, du führst die Angestellten in Versuchung.
Gold, du führst die Arbeiter in Versuchung.
Gold, du führst alle in Versuchung.
Gold, wer bewahrt uns von all deinen Übeln?
Amen.

War der Hund beim Abendmahl?

Der Pfarrer fragt eine Frau: „Warum kommen Sie nie in die Kirche?" Darauf die Frau: „Ich würde ja gern kommen, aber ich weiß nicht, wohin ich inzwischen den Hund geben soll. Der bleibt mir nicht allein." Jetzt hätte der Pfarrer am liebsten gesagt: „No, dann nehmen Sie doch den Hund mit in die Kirche." Aber das hat er nicht gewagt – wegen der Gläubigen.

Ein anderes Mal geht es schon um sehr viel mehr. „Sagen Sie, Herr Pfarrer, ist das wahr, daß in unserer Kirche ein Hund beim heiligen Abendmahl war?" Der Pfarrer klärt das sofort auf. Beim Abendmahl war ein Paar, das er erst unlängst getraut hat. Und der Bräutigam hat den super-winzigen Hund im Ärmel stecken gehabt. Aber natürlich hat der Hund nichts bekommen.

Aber war das wirklich so „natürlich"? Dem Pfarrer hat das keine Ruh' gelassen. Nämlich die theologische Frage: „Dürfen Hunde, allgemein Tiere, in einer Kirche an der Kommunion teilnehmen?" Aufs erste kam ihm diese Frage „natürlich" lästerlich, ja absurd vor. Aber dann ist ihm einiges aufgefallen;

nämlich, wie sehr Tiere mit Gott, dem Vater, dem Sohn und Heiligen Geist zu tun haben:

Menschen und Tiere haben einen (1) Vater. Was aus dem Mund von Franz von Assisi noch im poetischen Sinn mißverstanden werden konnte, erkennt diese Generation als Realität. Tiere sind Mitgeschöpfe, also die Geschwister der Menschen. Beide sitzen zum zweiten Mal in einem (1) Boot. Was heute die Tiere umbringt, bringt morgen die Menschen um.

Erkennen die Menschen aber auch, wie sehr Tiere die Brüder und Schwestern Jesu Christi sind? Millionen unschuldiger Tiere werden gekreuzigt. Durch den Autoverkehr, den Tourismus, die Umweltschäden werden sie dahingemordet, denn die Menschen „wissen nicht, was sie tun". Tausende Tiere geben ihr Leben her, daß Menschen geheilt werden und leben können. Und sie leiden oft viele Stunden, ja Tage entsetzliche Qualen.

Viele Tiere sind eigentlich Märtyrer. Eine Art Golgotha ist fast schon ein normales Tierschicksal geworden. Christus hat das Fleisch der Tiere angenommen.

Und der Heilige Geist „weht" auch durch die Tiere. Wie viele Kinder und alte Leute haben ein Tier als einzigen Kameraden. Wie viele Menschen erleben Zärtlichkeit, Geborgenheit, Liebe und Spiel nur durch ein Tier: seine Geduld, seine Aufmerksamkeit, seinen Humor und seine Treue. So ein Hund oder eine Katze hat oft mehr Heiligen Geist im Leib als so mancher Mensch.

Aber in die Kirche dürfen sie nicht, die Tiere.

Onan hat nicht onaniert

Wissen Sie schon, was Onanieren mit der Bibel zu tun hat? Die Frage ist weder lästerlich noch unanständig gemeint.

Das Wort „onanieren" hat mit einem gewissen Herrn Onan in der Bibel zu tun. Und was dieser Onan getan hat, das hat man – übrigens zuerst in England – „onanieren“ genannt. Onanieren also als eine Art biblisches Fremdwort für die sexuelle Selbstbefriedigung. Aber jetzt kommt das Verblüffende: Onan hat gar nicht onaniert.

1. Mose 38/6-10

„Ein Mann namens Juda hat seinen ältesten Sohn Er mit einer Frau verheiratet, die Thamar geheißen hat. Aber so wie Judas Sohn Er gelebt hat, das hat Gott gar nicht gefallen, und so hat ihn Gott, der Herr, sterben lassen. Daraufhin hat Juda zu seinem Sohn Onan gesagt: ‚Tu deine Pflicht und heirate jetzt die Frau deines Bruder – wie es bei uns Gesetz ist – und verschaffe so deinem Bruder Nachkommenschaft.‘ Onan wußte also, daß die Nachkommen, die er mit der Witwe seines Bruder zeugen würde, nicht als seine Kinder gelten würden. Sooft er nun mit der Frau seines Bruders zusammen war, hat er seinen Samen auf die Erde fallen und verderben lassen, um seinem Bruder keine Nachkommen zu verschaffen. Was Onan da getan hat, hat Gott nicht gefallen, und er ließ auch ihn sterben.“

Onan hat also das Gesetz der verpflichtenden Schwagerehe boykottiert. Er wollte keine Kinder zeugen und praktizierte den Coitus interruptus, er hat also den Geschlechtsverkehr vor dem Samenerguß abgebrochen.

Leider hat diese Onan-Geschichte schreckliche Nachwirkungen gehabt, denn Kirchen haben daraus eine pseudowissenschaftliche Sexuallehre entwickelt, und Sexualität mit Angst verbunden.

Generationen von Buben hat man mit fürchterlichen Drohungen erschreckt: Sie würden Rückenmarkschwindsucht bekommen, ja vielleicht sogar sterben, wenn sie sich weiter selbst befriedigen würden. Ja die sexuelle Selbstbefriedigung wurde für Generationen von Christen zur Sünde schlechthin gemacht und damit ein ständiges schlechtes Gewissen installiert.

Und die Ärzte haben die Pfarrer bei diesem Unfug begeistert unterstützt. Inzwischen hat übrigens die Sexualwissenschaft die Selbstbefriedigung längst als eine normale Form der Sexualität anerkannt. Wir lassen uns ja auch nicht mehr von Ärzten behandeln, die dem medizinischen Standard des 19. Jahrhunderts entsprechen.

Ja, und was Onan getan hat, nämlich coitus interruptus, davor ist tatsächlich abzuraten. Aber nicht, weil man davon stirbt, sondern weil das eine sehr unzuverlässige Methode der Empfängnisverhütung ist. Bleibt also nur noch das große Erstaunen darüber, daß es immer noch Männer gibt, die es genauso machen wie der biblische Onan vor mehr als 2000 Jahren.

Ein Pfarrer überlegt, ob er eingreifen soll

Eine Szenerie im D-Wagen, jener Wiener Straßenbahnlinie, die zwei Bahnhöfe verbindet und daher in großen Intervallen verkehrt. Die Personen: Ein betrunkener Urlauber aus Bayern, ein alter Weaner und ein Pfarrer.

Der Bayer brummt und lallt vor sich hin, zuweilen singt er auch laut, und vor allem: er raucht. Tatsächlich, er raucht eine Zigarette in einer Wiener Straßenbahn. Das rüttelt an den Grundfesten der Gesellschaft. Das kann der alte Weaner nicht dulden. Der Grund? Da könnt' ja schließlich jeder, und überhaupt, und Ordnung muß sein – und er selber raucht ja schließlich auch nicht.

Und der alte Weaner schreit den Bayern an: „Hör auf zum Rauchen, bsoffener Bayer!" Doch der grinst nur blöd und raucht weiter, unerschüttert. Und der alte Weaner schimpft weiter. Seine Blicke suchen Zustimmung, Bundesgenossen.

Und seine Blicke finden den Pfarrer. Dem wird es auch prompt unbehaglich zumute. Er mag sich nicht hineinziehen lassen; was geht ihn das an? Abrupt dreht er sich weg, und merkt von allem nichts. Die Situation ist ihm peinlich. Und der besoffene Bayer ist ihm übrigens viel sympathischer als der Weaner Stänkerer.

Da kommt die nächste Haltestelle. Da muß der Pfarrer sowieso aussteigen. Gott sei Dank.

Aber der alte Weaner steigt auch aus und stellt den Pfarrer zur Rede. Sein Vorwurf ist mangelnde Zivilcourage, wörtlich: „Da muß man doch was machen. Warum haben Sie ihm nicht die Zigarette aus dem Maul geschlagen?"

Jetzt reißt sich der Pfarrer endlich zusammen und – quasi in statu confessionis – sagt er wütend: „Sie sind gut, mir geben sie Ezzes. Hätten Sie's selber g'macht. Ich will net raufen. Und mit einem Bsoffenen schon gar net!"

Er läßt den alten Weaner stehen und verschwindet. Und beinahe hätte er dem zigarettenrauchenden Bayern in der Straßenbahn nachgewinkt. Aber er wäre natürlich kein Pfarrer gewesen, wenn er dieses mitmenschliche Extempore nicht sogleich geistlich analysiert hätte. Und so stellt er etwas frustriert fest, daß er irgendwie unzufrieden ist mit sich selbst.

Schön, er ist kein Raufer. Mein Gott, deshalb stürzt die Welt nicht ein, wenn ein b'soffener Bayer im D-Wagen raucht. Aber, wann greift unsereins eigentlich ein, hilft, verhindert irgend etwas? Nicht so bald, leider. Denn die Reizschwelle scheint hierzulande hoch zu sein.

Und da alles Ethische konkret sein soll, beschließt er in seiner Seele, mehr Zivilcourage zu zeigen, wenn ihm das nächste Mal ein besoffener, rauchender Bayer im D-Wagen begegnen sollte.

Das tapfere Pfarrerlein

Das tapfere Schneiderlein wäre ein guter Pfarrer gewesen. Diese Vermutung vermag vielleicht aufs erste zu verblüffen, aber man lese nur einmal bei den Brüdern Grimm nach, was dieses

Schneiderlein so alles vollbracht hat: zwei Riesen erledigt, ein Einhorn gefangen und ein gefährliches Wildschwein unschädlich gemacht.

Dabei hat alles eher harmlos begonnen, ja mit einem Mißverständnis. Er hatte sich nämlich eine Rüstung anfertigen lassen, auf der mit goldenen Buchstaben geschrieben stand: „Sieben auf einen Streich!" Und alle Welt hat natürlich geglaubt, der mutige Schneider hätte sieben Männer erschlagen und hat sich respektvoll gefürchtet. In Wirklichkeit sind es nur sieben Fliegen gewesen, aber das hat das Schneiderlein ja nicht verraten.

Das tapfere Schneiderlein wäre ein guter Pfarrer gewesen. Warum? Weil es ein Beispiel gegeben hat, daß sich auch der Kleine, Schwache großer Gefahren erwehren kann, wenn er nur klug und etwas pfiffig ist.

Das tapfere Schneiderlein wäre ein guter Pfarrer gewesen, weil es mit seiner Methode des klugen, gewaltlosen Widerstandes den vielen anderen Kleinen und Schwachen nicht nur Hoffnung gemacht hat, sondern ihnen auch wirklich geholfen hat. Denn nach seinem segensreichen Wirken war ja der Wald von Riesen, Einhorn und Wildschwein befreit und jedermann konnte wieder ungefährdet im Wald spazieren gehen.

Das tapfere Schneiderlein wäre ein guter Pfarrer gewesen. Ist es ihm doch gelungen, eine Anweisung Jesu Christi zu befolgen, mit der die Christen traditionellerweise etwas Mühe haben. Denn Jesus hat gesagt „Seid klug wie die Schlangen und ohne Falsch wie die Tauben!" Aber wer kann das schon? Hatte hier Jesus nicht etwas Unmögliches verlangt – weil Klugheit und Arglosigkeit einfach nicht zusammenzubringen sind?

Ja – wenn nicht das tapfere Schneiderlein gezeigt hätte, daß es eben doch geht.

Das tapfere Schneiderlein wäre ein guter Pfarrer gewesen: weil es imstande war, dort zu helfen, wo andere längst resigniert hatten.

Das tapfere Schneiderlein wäre ein guter Pfarrer gewesen,

hat es doch mehr getan als der barmherzige Samariter. Denn der Samariter hat sich nur um den Verletzten gekümmert. Aber das tapfere Schneiderlein hat dafür gesorgt, daß erst gar niemand mehr überfallen und verletzt wird.

Das tapfere Schneiderlein wäre ein guter Pfarrer gewesen.

Der Pfarrer als Narr

Es ist bemerkenswert, daß es eine Stadt gibt, wo immer noch die alte Fasnacht geradezu kultisch begangen wird, nämlich Basel. Aber die Basler Fasnacht ist nicht nur deshalb eine Art Unikum. Es ist ebenso erstaunlich, daß eine evangelische Stadt, geprägt durch die strengen Moralvorstellungen der reformierten Tradition, die Fasnacht mit einer nahezu religiösen Inbrunst feiert.

Man sieht, nicht einmal der Reformation ist es gelungen, die Fasnacht umzubringen. Da hat den frommen Predigern und Theologen keine noch so deftige Moralpredigt geholfen oder gar der Hinweis, daß all diese Verkleidungen und Maskeraden Überreste des bösen Heidentums seien, die man als aufrechter reformierter Christ mannhaft bekämpfen müsse.

Aber auch der Zeitpunkt der Basler Fasnacht ist eine Besonderheit. Sie beginnt nämlich eine Woche nach dem Faschingsonntag. Warum das so ist, dafür bieten die Volkskundler viele Erklärungen an. In Basel selbst kann man oft hören, das sei so, um die Katholiken zu ärgern: denn die dürfen ja nach dem Aschermittwoch an keiner Lustbarkeit mehr teilnehmen – und so war das reformierte Basel in den Fasnachtstagen unter sich.

Inhaltlich gesehen besteht der calvinistische Hintergrund der Basler Fasnacht auch in einer aktualisierten biblischen Tradition. Diese Tradition kennt nicht nur die Figur des Narren, sondern sieht in der Rolle des Narren eine unverzichtbare Form der Predigt im Sinn der prophetischen Rede.

So hat der Apostel Paulus ganz bewußt an die Korinther geschrieben: „Wenn einer unter euch glaubt, weise zu sein in dieser Welt, so soll er ein Narr werden, damit er dann weise wird. Denn die Weisheit dieser Welt ist Narrheit bei Gott. Denn es steht geschrieben: Der Herr kennt die Gedanken der Weisen, daß sie närrisch sind."

Also der Pfarrer als Narr – aber wo wird heutzutage so originell gepredigt, wie es Paulus systematisch entwickelt hat? Predigen „à la Paulus, Jesus, Luther, Abraham a Sancta Clara" würde bedeuten, sich genauso närrisch zu verhalten oder zu reden, um so alle die Narreteien unserer Zeit ad absurdum zu führen. Ein Rezept also, das Sebastian Brant mit seinem „Narrenschiff" und Erasmus von Rotterdam mit seinem „Lob der Torheit" meisterhaft ausgeführt hat.

Und warum wenden die heutigen Prediger diese paulinische Predigtform nicht an? Könnte es sein, daß ihnen der Mut dazu fehlt? Ja dann wird die von Paulus postulierte „Narrenpredigt im Namen Jesu Christi" weiter zu den höchst seltenen Ausnahmen gehören.

Feiertage, Farcen, Signale

Eine Vision: In finsterer Nacht strebt ÖGB-Chef Verzetnitsch heimlich dem Erzbischöflichen Palais am Stephansplatz zu. Dort beschwört er den Wiener Erzbischof Kardinal Groër:

„Herr Kardinal, im Namen aller unkirchlichen und konfessionslosen Arbeitnehmer Österreichs flehe ich Sie an, bleiben Sie hart. Dulden Sie nicht, daß uns auch nur ein einziger staatlich anerkannter kirchlicher Feiertag weggenommen wird. Sie haben dabei von uns jede Unterstützung. Wir legen unseren Handlungsbedarf vertrauensvoll in Ihre Hand. Sie werden verstehen, daß der ÖGB nicht offiziell für ‚Maria Himmelfahrt' eine Prozession, pardon, eine Demonstration abhalten kann."

Schuld sind wieder einmal die Kärntner, weil sie einen neuen Feiertag einführen wollen. Und wer Österreichs liturgische Verhältnisse kennt, weiß, daß jetzt zwangsläufig auch das Gegenteil diskutiert wird, nämlich die Abschaffung von staatlich anerkannten kirchlichen Feiertagen. Denn 1. Mai und 26. Oktober (Nationalfeiertag) stehen natürlich nicht zur Debatte: wann sonst sollen die Österreicher ihre Fitneßmärsche machen?

Immerhin – was die gesetzlich anerkannten Feiertage betrifft, ist die „Insel der Seligen" europäische Spitze, jedenfalls noch in der EG-Vor-Beitrittszeit. Die österreichische „Feiergemeinschaft" funktioniert perfekt. Kirchenfremde und Konfessionslose respektieren die kirchlichen Feiertage mit dem gleichen Ernst wie gläubige Katholiken; Protestanten feiern in ökumenischer Gesinnung die Marienfeiertage und Fronleichnam mit und noch den Karfreitag (auch staatlich anerkannt) und den 31. Oktober (nur für Schüler) mit dazu.

Aber jetzt wird wieder einmal fleißig argumentiert: Die Wirtschaft jammert über die Milliarden, die durch arbeitsfreie Tage verloren gehen: die römisch-katholische Kirche steht auf dem gesunden Standpunkt, grundsätzlich nichts Erworbenes aufzugeben, und der lutherische Bischof mahnt in unübertroffener Objektivität zum Gespräch.

Während die Wirtschaft in einem neuen Feiertag „ein verheerendes Signal in die falsche Richtung" sieht, hoffen die Kirchen, daß die alten, „staatlich geschützten" kirchlichen Feiertage Signale in die richtige Richtung sind. Nämlich: einer vielfach gefährdeten Welt die Botschaft des Evangeliums in bunter biblischer Gesamtheit zu verkündigen. Allerdings wollen sich die Kirchen nicht eingestehen, daß die Inhalte der Feste, um deren Erhaltung sie kämpfen, für viele bedeutungslos geworden sind.

Nur denen, die so gern danach fragen, was sie denn eigentlich von der Kirche hätten, sei es in aller Form unter die Nase geschmiert: immerhin elf zusätzliche Feiertage.

Jesus rechts, Kirche links?

Jesus rechts, Kirche links; oder Jesus links, Kirche rechts; oder Jesus rechts, Kirche rechts; oder Jesus links, Kirche links? Das ist neuerdings eine durchaus aktuelle Frage geworden, seit ein österreichischer Politiker sein laientheologisches Charisma entdeckt hat; und – frei nach Luther – dem Volk nicht nur „aufs Maul", sondern auch in die Seele schauen will.

Jetzt hat doch besagter Herr tatsächlich katholische Bischöfe als „links" entlarvt! Aber war er nicht selbst ein Linker, dieser Jesus, dessen Beauftragte ja wohl diese Bischöfe sind?

Immerhin wurde Jesus als Sohn eines Handwerkers geboren. Als erwachsener Mann ist er ein heiliger Aktivist. Er schließt sich Johannes dem Täufer und seiner Gruppe an, doch die sind ihm nicht radikal genug. Er gründet eine Basisgruppe und zieht aus, die Welt zu verändern. Es kommt zum Kampf mit den Etablierten, den Ideologen des Status quo. Er setzt sich für die Benachteiligten ein, die Entrechteten, die Ausgestoßenen.

Judas, ein rechtsradikaler Abweichler verrät ihn um Geld. Bei einem letzten gemeinsamen Essen gibt Jesus sein religiös-politisch-humanitäres Testament bekannt. Er wird gekreuzigt und begraben – ein Schock für seine Anhänger. Aber sie arbeiten das Erlebte auf. Sie gründen eine Weltanschauungsgruppe, die bis heute in seinem Sinn agiert, eintritt für mehr Menschlichkeit und verfolgt wird wie er. Muß die Kirche also „links" sein, wenn sie diesem Jesus nachfolgt?

Oder war das „Haupt" der Kirche doch ein „Rechter"? Schließlich wurde er als Sohn Gottes von einer Jungfrau geboren – im Stall von Bethlehem: Hirten auf dem Feld, Chöre von Engeln jubilieren vom Frieden.

Könige aus dem Orient huldigen dem Gotteskind mit kostbaren Geschenken. Als 12jähriger verblüfft er die Tempelpriester. Er beruft Jünger und verkündet mit ihnen das nahende Gottesreich. Er heilt Kranke, treibt Dämonen aus, weckt Tote auf. Judas – der Teufel war in ihn gefahren – verrät ihn. Mit seinen Jüngern sitzt er beim heiligen Abendmahl. Er wird gekreuzigt, begraben – aber er ist auferstanden von den Toten und beruft seine Jünger aufs neue. Er sendet seinen Heiligen Geist, und seine Christen folgen ihm nach, um genauso Wunder zu vollbringen wie er. Muß die Kirche also „rechts" sein, wenn sie diesem Jesus nachfolgt?

Was freilich die Ausländer betrifft, so hat sie der „linke Jesus" (Lukas 17/18) genauso geliebt, ja sogar als Beispiel hingestellt wie der „rechte Jesus" (Matthäus 25/35). Darum sollte, wer ein „Ausländervolksbegehren" betreibt, realistisch genug sein, um einzusehen, daß ihn weder die „linke" noch die „rechte" Kirche unterstützen wird.

Wenn der Wettergott uns gnädig ist

Bei den alten Griechen, also vor ungefähr 3000 Jahren, hat man sich das mit dem Wetter so vorgestellt: Das passiert nicht von allein, sondern da gibt es eine zuständige Gottheit, den „Wettergott". Und weil das Wetter etwas so Wichtiges ist, ist der Wettergott der Chef aller Götter. Sein Name war übrigens Zeus.

Zeus sitzt auf einem hohen Berg und dirigiert von dort das Wetter. Er überwacht den Sonnengott Helios, einen seiner wichtigsten Mitarbeiter. Er schickt Wolken und Regen. Und wenn er seine Donnerkeile den Berg hinunterwirft, dann donnert es. Und die Leute schauen ängstlich zum Götterberg, zum Olymp hinauf. „Zeus sei uns gnädig!" haben sie dann gebetet.

Dieser Glaube ist längst ausgestorben, auch in Griechenland. In Resten findet man ihn nur mehr in Kreisen österreichischer Sportreporter. Die kündigen ein Sportereignis oft mit einem Kurzgebet an: „Wenn der Wettergott uns gnädig ist!" sagen sie gern. Vata Zeus, schau aba, morgen um vier spielt der Thomas Muster.

Aber auch viele biblische Geschichten haben mit dem Wetter zu tun. Gott hat das Wetter erschaffen und regiert es auch. Frost oder Hitze, Regen oder Sturm, Unwetter oder Sonnenschein schickt er den Menschen ganz bewußt.

Nur zum Unterschied vom Wettergott Zeus denkt er sich etwas dabei. Vor allem hat sein Wettermachen etwas mit Pädagogik zu tun. Die alten Israeliten waren überzeugt davon, daß schlechtes Wetter eine Strafe Gottes für ihre Sünden ist: z. B. Trockenheit, Zeiten der Dürre haben nicht primär meteorologische Ursachen, sondern haben ihre Wurzeln in Ausbeutung und sozialer Ungerechtigkeit.

Reste dieser Vorstellung leben noch, wenn eine Omama zu den Enkerln sagt – wenn es donnert: „Der Himmelvater schimpft!"

Diese Vorstellung gefällt mir. Und jetzt wünsche ich mir nur noch: Wenn die Ozonbelastung hoch ist, wenn saurer Regen fällt, wenn der Treibhauseffekt zunimmt, wenn ganze Landstriche vertrocknen, wenn Wälder verbrennen – daß jemand sagt: Schau, der Himmelvater schimpft mit uns. Warum? Weil wir sein Wetter kaputt gemacht haben. Und wenn sich Menschen als Wettermacher und Wettergötter gebärden, sind sie ganz bestimmt niemandem gnädig. Das Wetter ist unmenschlich geworden. Nur einige schwachsinnige Kapitalisten und Politiker bilden sich noch ein, daß sie den Dreck, den sie selbst produziert haben, nicht einatmen müssen.

Winde und die Religion

Einer der vertrautesten Gerüche ist dem Menschen der flatus ventris, zu deutsch Furz: wienerisch „weich": Schas!

Der Furz ist wohl mit dem Menschen erschaffen worden – und ist zugleich seine erste multimediale Produktion. Frühere Zeiten „musizierten" da ganz unbefangen. Auf Grund der schlechten hygienischen Verhältnisse waren sie ja sowieso fast dauernd von einem „Flair von Scheiße“ umgeben. So schreibt Wolferl Mozart an seine Cousine:

„Ich tat mein Bestes, diesen Brief zu schreiben, als ich etwas auf der Straße hörte. Ich stand auf, ging zum Fenster ... und ... das Geräusch hörte auf. Aber kaum hatte ich 10 Worte geschrieben, als ich wieder etwas hörte. Ich stand wieder auf – dabei hörte ich wieder ein Geräusch, diesmal ziemlich schwach – aber es schien etwas ziemlich angebrannt zu riechen. Und wohin ich auch ging, da roch es. Schließlich sagte Mama zu mir: ‚Ich wette, du hast einen fahren lassen.‘ ‚Ich glaub nicht, Mama‘, antwortete ich. ‚Ich bin sicher, du hast‘, beharrte sie.“ Und Mama Mozart hatte recht.

Und für so einen respektablen Mann wie dem Reformator Dr. Martin Luther wird der Furz zum Mittel der Frömmigkeit. Luther erzählt eine einschlägige erbauliche Geschichte:

„Da kommt der Teufel zu einer armen Frau. Mit ihr treibt er auch seine bösen Scherze und läuft wie eine Maus über ihre Bettdecke. Aber weil der Teufel nicht aufhören will, dreht sich die Frau um, streckt den Arsch zum Bett hinaus und läßt ihm einen Furz – ‚mit Respekt gesagt‘ – und spricht: ‚Schau Teufel, da hast du einen Wanderstab. Geh damit nach Rom und laß den Papst schön grüßen!‘ Sie verspottet also den Teufel noch dazu. Seit dieser Zeit hat er sie nicht mehr geplagt.“

Natürlich verwechselt ein Theologe wie Luther nicht „Gottes seligen Wind“, den Heiligen Geist, mit seinem eigenen Wind. Allerdings gibt es bei den germanischen Menschen einen tiefen Zusammenhang zwischen Religion und Verdauung. Das verrät der Philosoph Immanuel Kant:

„Wenn ein hypochondrischer Wind in den Eingeweiden tobt, so kommt es darauf an, welche Richtung er nimmt. Geht er abwärts, so wird daraus ein Furz. Steigt er aber aufwärts, so ist es eine Erscheinung oder eine heilige Eingebung.“

Ist das vielleicht der Grund, warum unsere Religion so oft unverdaulich ist?

Götzenfabrikanten

Den Götzenfabrikanten wird man vergeblich im Branchenverzeichnis suchen. Aber nicht, weil dieser nicht ehrenhafte Beruf vielleicht ausgestorben wäre; sondern weil er sich hinter vielen anderen Berufsbezeichnungen versteckt. Götzenfabrikant gehört zu den ältesten „Gewerben“ wie Priester, Politiker, Hure und Kaufmann. Götzenfabrikanten sind die Devotionalitätenhändler des Aberglaubens.

Über die „Do it yourself“-Götterhersteller haben sich schon die alttestamentlichen Propheten lustig gemacht. Jesaja z. B. – er durchschaut die ganze Absurdität der Götterwerkstätten seiner Zeit. Da pflanzt einer eine Esche. Wenn sie ein großer Baum geworden ist, fällt er sie. Einen Teil verwendet er als Brennholz und heizt gut ein: „Ha, mir ist schön warm, ich spüre das Feuer.“ In der Glut backt er Brotfladen und grillt Fleisch. Und ißt sich so richtig satt. Und aus dem restlichen Holz schnitzt er eine Götterfigur; kniet nieder, ja wirft sich nieder und betet: „Rette mich, denn du bist mein Gott!“ Eigentlich blöd, dieser Mann, will der Prophet sagen. Was muß das für ein Gott sein, den man selber produzieren kann? Aber die Götterfabrikanten betrügen sich selbst und ihre Kunden – und verdienen prächtig dabei.

Und heute? Leute wissen, daß ihr Gott aus Blech ist, aber sie verehren ihn trotzdem. Und können ohne ihn nicht mehr leben. Götze Auto? Maßlos übertrieben, typisch Pfarrer, Auto und Religion? No, dann fahren sie einmal vier Sonntage hintereinander nicht weg. Geht nicht? Eben – denn für einen gläubigen Autoverehrer gilt ja die Sonntagspflicht. Also mit dem Auto ins „gelobte Land“? Das Autoradio als Orgelmusik, und das Stehen im Stau als Bußübung für die Sünden der letzten Woche. Und das Inhalieren der Abgase als eine Art Kommunion mit Gott Auto. Verlangen sie einmal zwei autofreie Tage pro Woche, dann gibt es religiöse Prozessionen. Töff, töff in Ozon-City.

Die Zukunft der Götzenfabrikanten scheint gesichert zu sein, denn nichts ist vor Verehrung sicher.

Der Heilige Derrick

Es war wieder einmal 20 Uhr 15. Aus dem Fernseher ertönt eine erregende Kennmelodie – ein Sound, der dem tatendurstigen Heimabenteurer die gefahrlose Anteilnahme an Rauschgift, Raub und Mord verheißt. Aber in der bekannten Krimimelodie steckt mehr. Sie kündigt einen Mann an, der – getragen vom Vertrauen eines Millionenpublikums – noch jeden Kriminalfall gelöst hat: DERRICK! Rächer der Unschuld, Schrecken der Verbrecher, Garant dafür, daß letztlich doch in dieser Welt Recht und Ordnung triumphieren. Derrick, ein Kämpfer für Sitte und Anstand, ein Fels in der Brandung. Noch geben sich die Verbrecher frech und siegessicher, aber sie werden ihren Meister in ihm finden, einem Mann mit tadellosen Manieren, dezent-eleganter Kleidung, mit vertrauensweckend ruhiger Stimme.

Derrick ist ein außergewöhnlicher Mann: „Er lebt offensichtlich im frei gewählten Zölibat, hält sich Genüssen und Ausschweifungen jeder Art fern, zeigt keinerlei Gefühle und ist nie in brutale Gewaltszenen verstrickt. Es gibt übrigens keine Szenen aus seinem Privatleben. In dieser Serie existiert noch innerhalb von 60 Minuten die wahre Gerechtigkeit; es gibt noch den einzig gerechten Menschen, auf den immer und überall 100% Verlaß ist – im Gegensatz zu der ungerechten Lebenssituation des Zuschauers in den Niederungen von Gefühlsverstrickungen und Unzulänglichkeiten."

Eine Gestalt wie Derrick stillt gleichsam periodisch die unausrottbare Sehnsucht der Leute nach einer besseren Welt, nach guten Menschen. Eine Serie, die jetzt schon in einem Großteil unseres Planeten läuft, muß ja wohl gerade die tieferen Schichten der Seele ansprechen, die religiöse Veranlagung. Und in Derrick sieht die Seele endlich, was sie bisher meistens nur glauben mußte: die fleischgewordene Gerechtigkeit.

Man könnte fast glauben, die Abteilung Religion und Kirche hat den Derrick produziert.

„Arme-Leut'-Geruch"

Der am weitesten verbreitete Geruch dieser Welt ist wahrscheinlich der „Arme-Leut'-Geruch". Armut und Elend präsentieren sich als breites Geruchsband, als eine Vielzahl von Gerüchen, die die Nase erschauern lassen, wenn das Auge längst abgestumpft ist. Sekrete des Elends – unsoziale Zustände eingeatmet.

Das stinkende Tier „Mensch", das sich in den Mist seiner Höhle verkriecht. Der Geruch der Greise; das Sauer-Verspiebene der Trinker; fette Haare voller Läuse; Ausdünstungen von Schnaps und Knoblauch; der Kellerlochgeruch mit Schweiß und Dreck; der ranzige Tabakgeruch und eingetrocknete geile Säfte; verschimmelte Essensreste und verdorbene Lebensmittel; stinkende Dämpfe von Waschlaugen und Desinfektionsmitteln in engen Räumen mit winzigen Fenstern, feuchte Böden, Luft und Lichtmangel...

Penetrante Ausscheidungsgerüche – ein Leben wie im „Excrementarium", im „Scheißhaus". Unfreiheit kann man riechen – Gefängnis-, Häfenaroma. Die religiöse Dimension ist auch zu riechen – „Höllengestank", was sonst? Atemberaubend, schmutzig, verkommen – der „Arme-Leut'-Geruch" imprägniert die Kleider und ist nie mehr herauszubringen. Und: blöde puritanische Pfaffen haben sich über das Volk ereifert, das nach Fäulnis, Sünde und Tod stinkt.

Können die „Nasen-Abenteuer" ein Menschenherz erweichen, können sie es hilfsbereit, vielleicht sogar revolutionär machen? Oder ist die Kluft zu groß. So sieht es eine Frau 1837 in Frankreich:

„Wer sich die Hände nicht wäscht, wird diejenigen, die sich die Hände waschen, ewig hassen. Und wer sich die Hände wäscht, wird diejenigen, die es nicht tun, ewig verachten. Nie wird man sie vereinen können; nie werden sie zusammen leben können. Denn es gibt etwas, das nicht zu überwinden ist, und das ist der Ekel."

Oder könnte es eine Solidarität der Gerüche geben? Vielleicht müßten die einen stinken lernen und die anderen das Duften üben, damit sie endlich einander riechen können.

Stinken die Menschen, weil sie Sünder sind?

Man fahre nur einmal Montag früh in der Straßenbahn. Da feiert der Mundgeruch seine Orgien. Da steht ein harmlos aussehender Mensch, und dann macht er sein Goscherl auf. Da wird einem gleich ganz mythologisch zumute. Man hat das Gefühl, ein Höllenrachen hat sich geöffnet.

Seit wann fährt der Satan in der Straßenbahn? Man schaudert und gebildete Protestanten denken unwillkürlich an die deftige Sprache von Martin Luther. Einen „stinkenden Madensack" hat Luther den Menschen genannt. Stinken die Menschen, weil sie Sünder sind? Oder ist der moderne Mensch nur so zimperlich geworden, was die Düfte der lieben Mitmenschen betrifft? Die Nase ist scheint's besonders intolerant. Und wirklichkeitsfremd: Denn die Menschen riechen eben penetrant – schon bevor sie verwesen: vom sauer-milchigen Geruch des Säuglings bis zum süßlich-sauren Geruch der Greise.

Der „stinkende Madensack" à la Luther hat – wie man's schon vor Jahrhunderten registriert hat – sieben besonders stark riechende Körperzonen: der behaarte Teil der Kopfhaut, die Achselhöhlen, die Gedärme, die Harnblase, die Samenwege, die Leisten und die Stellen zwischen den Zehen. Ecce homo, siehe, was für ein Mensch: vom Miachtler bis zum Kasler! Also unter die Dusche mit der Menschheit? Doch es ist zu befürchten, daß sie einander trotzdem nicht riechen können, daß sie einander trotzdem nicht riechen wollen – auch wenn sie noch so gut „gschneuzt" und „g'kampelt" sind.

Und es hat sich gewaschen, wenn die „sauberen" Bürger die Minoritäten unseres Landes diffamieren: Juden und Tschuschen müssen natürlich stinken, Homosexuelle verwenden natürlich ein schwüles Parfum. Protestanten waren einmal am Pesthauch schuld. Ausscheidungsgerüche bestimmen die Alltagssprache des rassistischen Spießers. Verachtete Menschen werden von den „Geruchlosen" gern mit der Vorsilbe „Scheiß-" verbunden.

Die Nase ist das sozial-politische Organ des Menschen. Und darum geht die Nächstenliebe höchst selten durch die Nase.

Wer traut sich noch, das Publikum zu beschimpfen?

Es war eine gute Idee, einen neuen Kunst- und Kulturpreis „Marlene" zu benennen und ihn Leuten wie Marcel Marceau und Andre Heller zu verleihen. Einen deutschen Kulturpreis nach Marlene Dietrich zu nennen war wohl begründet ... Erinnerungen von der Lola in „Der blaue Engel" über „Shanghai-Express" bis zur „Zeugin der Anklage" tauchen auf. Das deutsche Fernsehen hat die Berliner und Berlinerinnen gefragt, ob sie sich darüber freuen würden, daß Berlin jetzt auch noch eine „Marlene-Dietrich-Straße" bekäme? Die Antwort aus des Volkes Mund war klar und deutlich: Nein! Es gäbe keinen Grund, eine Straße nach ihr zu nennen, außerdem sei sie ja eine „Feindin" des deutschen Volkes gewesen. Sie hätte nicht nur 1937 die amerikanische Staatsbürgerschaft angenommen, sondern habe während des Zweiten Weltkrieges antifaschistische Organisationen unterstützt und sei in der alliierten Truppenbetreuung tätig gewesen. Also keine Straße für eine „Volksfeindin"!

Nun wird man wohl nicht annehmen dürfen, daß es sich bei der Berliner Bevölkerung um einen besonders vertrottelten Teil der Spezies Mensch handeln würde. Mit großer Wahrscheinlichkeit darf unterstellt werden, daß die „Frau beziehungsweise der Mann von der Straße" in Wien genauso blöd ist. Pflegt ja auch der „homo Vindobonensis" das, was 1945 geschehen ist, eher als „Zusammenbruch" denn als „Befreiung" zu bezeichnen.

Zugegeben, es gibt Wichtigeres als die Zustimmung zu einer „Marlene-Dietrich-Straße". Bleibt nur die Frage, wer endlich einmal den Mut haben wird, den Leuten zu sagen, wie entsetzlich und gefährlich dumm sie oft gerade in entscheidenden Augenblicken sind. Wenn niemand mehr eine „Publikumsbeschimpfung" wagt, ja wenn es als unangefochtenes Tabu gilt, daß jeder Mensch – für die Medien – eine ernstzunehmende Meinung hat, dann wird es gefährlich. Und wenn ein Minister befürchten muß, daß Mütter ohne finanzielle Belohnung nicht mit ihren Babies zum Arzt gehen, und politische Parteien feststellen, daß ihnen das Wählervolk lieber Denkzettel gibt als selbst nachzudenken, dann sind wir in Österreich!

Schimpfen auf die Kirche

Gibt es etwas Abendfüllenderes als Schimpfen auf die Kirche? Wer hat hier nicht schon begeistert mitgemacht? Und warum eigentlich nicht? Denn in diesem Schimpfen auf die Kirche steckt ja so etwas wie das Prophetenamt aller Christen.

Man kann natürlich darüber streiten, ob es überhaupt möglich ist, etwas anscheinend so Exklusives wie Leben und Aufgabe eines Propheten zu einer Art „Amt“ für alle Christen umzufunktionieren und damit das Prophetische seines elitären Charakters zu entkleiden und es quasi zu demokratisieren. Aber die Generation der Reformatoren, vor allem Luther, hat ja auch nicht gezögert, ein „allgemeines Priesteramt aller Gläubigen“ anzustreben. Und die Praxis bestätigt dieses geistliche Ideal: Gerade der mündig gewordene Christ spürt das Prophetische in seiner Seele rumoren.

Jeder weiß irgend etwas Böses über die Kirche – und das ist gut so. Damit will ich natürlich nicht sagen, daß es gut ist, daß die Kirche Mängel hat. Aber es gefällt mir, daß das Interesse vieler Menschen an der Kirche immerhin so groß ist, daß es ihnen dafürsteht, sie zu kritisieren. Man mag darüber lächeln, aber es steckt ein Stück prophetischer Größe in der Pose, mit der gerade der Durchschnittsösterreicher seiner Kirche gegenübertritt.

Und wenn das bei manchem nur heißt: „Sagen Sie einmal, was macht die Kirche eigentlich mit dem vielen Geld, das sie einsammelt?“ Eine berechtigte Frage, auch wenn sie oft gerade von Leuten gestellt wird, die sowieso keinen Kirchenbeitrag bezahlen. Andere Leute gehen in die Tiefe und fragen: „Wozu eigentlich Kirche, man kann doch auch ‚ohne‘ ein anständiger Mensch sein?“

Sicher; es ist nur zu durchsichtig, wenn Leute, die „das ganze Jahr ka Kirch'n dreckig mach'n“, beharrlich darauf hinweisen, sie würden einen regelmäßigen Kirchgänger kennen, der ein schlechter Mensch sei. Doch die Frage gilt: Wieso macht der Gottesdienstbesuch die Christen wirklich nicht zu besseren Menschen?

Wieder andere sagen: „Die Kirche ist viel zu politisch. Zuerst hat sie für den Kaiser gebetet, und dann für den Führer, und jetzt beten sie für Chile oder mischen sich in die südafrikanische Innenpolitik ein!“ Die Frage gilt: Christen sollten sich nicht einseitig entrüsten. Wer für die Chilenen betet, sollte nicht auf die Tschechen vergessen.

Und das Erbauliche dieser Kritik: Wer die Kirche kritisiert, steht nicht außerhalb, sondern er arbeitet an ihrer Reformation.

K. u. k. Ökumene

Eines der großen ökumenischen Ereignisse im kaiserlichen Wien des 19. Jahrhunderts war ein „Altarbild“, genannt „Die Loge Johannis“, weil es zuerst für eine Freimaurerloge bestimmt war. Es stammt von Hans Canon, einem der bedeutendsten Maler der Ringstraßenzeit, und wurde auf der Weltausstellung 1873 präsentiert. Das Publikum war von der künstlerischen Qualität des Bildes begeistert und Kaiser Franz Josef – vielleicht unter „Sissis“ Einfluß – erwarb es für die kaiserliche Galerie. Dort ist die „gemalte Ökumene“ dann irgend einmal in den Keller „geraten“. Im Juli 1991 ist es den vereinten Bemühungen von Hubert Adolph, dem Direktor der Österreichischen Galerie im Oberen Belvedere, der Katholischen und der Reformierten Kirche gelungen, Hans Canons Bild der Öffentlichkeit wieder zugänglich zu machen.

Der große Anklang, den das Bild bei den Wienern und beim Kaiser gefunden hat, mutet fast wie ein österreichischer Protest gegen das „antiökumenische“ I. Vatikanische Konzil 1869–70 an. Hatten die Konzilsväter in Rom dem Papst die oberste Jurisdiktionsgewalt und die Unfehlbarkeit „ex cathedra“ zugesprochen, so hat auf Canons Bild – er war übrigens evangelisch und gehörte der Wiener Reformierten Gemeinde an – „schon der greise Statthalter Christi die dreifache Krone und die Schlüssel Petri in Demut niedergelegt“. Das Bild, daß in der Reformierten Kirche gern „Moses, Mutter der Kirche“ genannt wird, plädiert ebenso vehement für eine Versöhnung zwischen Juden und Christen: „Oben in dem Bilde thront Moses, die Hand auf seine Gesetzestafeln gelegt, die dem Israeliten wie dem Christen gemeinschaftlich sind.

Aus dem Boden des Judentums erwuchs das Christentum und darum steht das Christuskind statt auf dem Schoße der jungfräulichen Mutter auf dem Schoße des großen Gesetzgebers… Auch Johannes der Täufer, der erste Vermittler des mosaischen Gesetzes mit der Lehre Christi, … fordert die anwesenden Konfessionen auf, die Schranken zu durchbrechen, welche sie bis jetzt auseinandergehalten haben." Und mit dem Blick auf Christus legen alle Konfessionsvertreter ihre Machtinsignien ab und stehen zu ihrer Gleichwertigkeit und Gleichberechtigung in Christus.

Zwar ist die Vision des Wiener Reformierten Hans Canon auch im 20. Jahrhundert noch nicht Wirklichkeit geworden. Aber anläßlich der Wiederaufstellung des Bildes hat Bischof Kostelecky im prächtigen violetten Mantel mit Schleife nicht nur ein überzeugendes Bekenntnis zur Ökumene abgelegt, sondern auch ganz bewußt darauf hingewiesen, daß Paul VI. der erste Papst gewesen sei, der auf eine Krönung mit der Tiara verzichtet hat.

Austropuritaner

Die Bestürzung ist echt und berechtigt, wenn bei uns in Österreich dadurch Leute zu Schaden kommen, daß Menschen versagt haben, die große Verantwortung tragen. Es wird mit Recht als skandalös empfunden, wenn Leute wie Politiker, Juristen, Wirtschaftsleute, Ärzte und Krankenschwestern, Lehrer und Pfarrer versagt haben; und so diejenigen, die sich ihnen anvertraut haben, an Hab und Gut, vielleicht sogar an Leib und Leben zu Schaden gekommen sind.

Und trotzdem – der Hohn und Spott, ja die Leidenschaft erschreckt, mit der dann alle über den herfallen, der gerade und oft zufälligerweise erwischt worden ist.

Warum verlangen Menschen von ihresgleichen eigentlich wie

selbstverständlich Vollkommenheit, also etwas Totales? Ja, Irren, Fehler zu machen gilt als menschlich. Aber – so denkt der selbsternannte Austropuritaner – dann dürfen eben die, die große Verantwortung tragen müssen, in dieser Hinsicht keine Menschen sein.

Kaum jemand würde von sich selbst Vollkommenheit und Fehlerlosigkeit verlangen, aber von einem Politiker, von einem Arzt verlangt man das auf jeden Fall. Der wird mit einem Nimbus der Unfehlbarkeit und der Supermoralität umgeben und – wehe ihm, er zerstört ihn.

Man sollte meinen: Wer so strenge Maßstäbe an andere legt, der würde das auch bei sich selber tun. Aber nur zu oft verlangen gerade die Steuerhinterzieher nach einem korrekten Steuerzahler als Finanzminister; verlangen gerade die Verschwender nach einem sparsamen Mann; verlangen die Opportunisten nach einem Idealisten; verlangen gerade die Habgierigen nach einem, der verzichten kann.

Und weil mich diese Heuchelei – die fast wie eine Art Bundessport betrieben wird – stört, habe ich eine gewisse Sympathie für alle diese entdeckten „Sünder", weil es zu billig ist, in das Verurteilungsgeschrei ihrer selbsternannten Richter einzustimmen.

Aber wer will schon wahrhaben, daß Politiker ihren Beruf oft satthaben, weil sie keine Schachfiguren im Spiel der anderen sein wollen; daß sich Journalisten einen „dynamischen" Umgang mit der Wahrheit angeeignet haben, weil sie sich den Luxus einer eigenen Meinung nicht mehr leisten können; daß Pfarrer ihren Glauben verlieren und Krankenschwestern oft voller Aggressionen sind.

Verurteilen ist keine Kunst. Aber die Verhältnisse wird wahrscheinlich nur der verbessern können, der realistisch genug ist, seinesgleichen so zu sehen, wie sie sind, und nicht, wie sie sein sollten.

Wer zur Geilheit neigt, ist voll Erbarmen

„Wer zur Geilheit neigt, ist mitleidig und voll Erbarmen. Die zur Reinheit neigen, sind es nicht." Das ist nicht die Altersweisheit eines ausgedienten Lüstlings, sondern der Ausspruch eines Heiligen, des heiligen Johannes Klimakos. Dieser Johannes war 40 Jahre Eremit auf dem Sinai und wurde dann zum Abt gewählt. Sein Hauptwerk hat den Titel „Klimax tu paradeisu", was soviel wie Stiege zum Paradies oder Himmelsstiege heißt. Dieses Buch gibt in „30 Stufen" Anweisungen für Mönche zum Kampf gegen die Laster und zum Erwerb der Tugenden.

„Wer zur Geilheit neigt, ist mitleidig und voll Erbarmen. Die zur Reinheit neigen, sind es nicht."

Ist Johannes Klimakos in Sachen Geilheit die Ausnahme, die die Regel bestätigt? Denn die Masse der Heiligen, so ist ja wohl die allgemeine Meinung, pflegt ja eine „Tugend" wie die Geilheit mit ähnlich deftigen Worten zu verurteilen wie den Leibhaftigen.

Nun muß festgestellt werden, daß Johannes weder die Geilheit empfiehlt noch die Reinheit abwerten will. Er sagt nur, daß Geilheit und Reinheit Konsequenzen haben können, mit denen niemand gerechnet hat, auch nicht die unmittelbar Betroffenen. Johannes hat – vielleicht sogar im Kloster – die Erfahrung gemacht, daß Reinheit erbarmungslos machen kann und Geilheit mitleidig, verständnisvoll.

Natürlich gibt es auch Geile, die erbarmungslos sind, und Reine, die viel Verständnis haben. Wer sich aber über die bedenklichen Erfahrungen des Johannes Klimakos aufregen will, sollte sich besser seine Warnung zu Herzen nehmen, denn der Heilige war schließlich ein Fachmann in Sachen Laster und Tugend.

Und so wußte er eben, daß das Streben nach moralischer Vollkommenheit, nach persönlicher Reinheit, den Menschen in Gefahr bringt, egoistisch, hochmütig und lieblos zu werden;

während der Sünder, der sich keine Illusionen über sich macht, oft eine erstaunliche Herzlichkeit ausstrahlt.

Hartherzige Asketen werden wahrscheinlich in Johannes Klimakos eher einen „komischen Heiligen" sehen, aber zu Unrecht, denn: so ungewöhnlich es aufs erste wirken mag, dieser Johannes ist auf den Spuren Jesu Christi gewandelt. Als sich ein Pharisäer einmal darüber entrüstet hatte, daß Jesus so freundlich und verständnisvoll zu einer stadtbekannten Sünderin war, da hat der Gottessohn gesagt: „Ihr werden viele Sünden vergeben, denn sie hat viel geliebt. Wem aber wenig vergeben wird, der liebt wenig." Das Jesuanische erregt bis heute Anstoß.

Land der Depressionen und der Mozartkugeln

Da muß man eine Schweizer Zeitung lesen, um seinen ramponierten Nationalstolz endlich wieder einmal aufpolieren zu können. Das tut gut in einer Zeit, wo es im Hinblick auf unseren politischen Instinkt „in" geworden ist, über uns Österreicher herzuziehen.

Nicht so die Schweizer Zeitung: Hier konnte man lesen, daß die Österreicher drauf und dran sind, die Weltrekordler im Rekordhalten zu werden. Dabei fällt allerdings auf, daß es vor allem recht skurrile Rekorde sind, die die „großen Söhne und Töchter" aufstellen – ja vielleicht wird man schon in einigen Jahren bewundernd vom spleenigen Österreicher reden.

Da gibt es eine Weltmeisterin im Schnellnähen, die ein Kleid in zwei Minuten und vier Sekunden schafft, und den Weltmeister im Dauerkniebeugen: 3013mal hat er es gemacht; und den Weltmeister im Telefonbuchzerreißen.

Österreicher haben den längsten Zahnstocher geschnitzt, fast 26 Meter, das größte Fußballmatch gespielt: 101 Mann gegen 101 Mann; den größten Sessel, die größte Lederhose hergestellt. Und erst im Essen, da sind die Österreicher sowieso unschlagbar. Da gibt es den größten Tiroler Knödel, 171 Kilogramm; die größte Mozartkugel, mit einem Meter Durchmesser, das größte Wiener Schnitzel, achteinhalb Quadratmeter.

Bei solchen ehrfurchtgebietenden Leistungen vergißt man beinahe, daß die Österreicher auch auf weniger glänzenden Gebieten mit Rekordleistungen aufzuwarten haben – wie zum Beispiel bei der Zahl der Selbstmorde, der Autounfälle, der Krankheiten und Depressionen.

Nicht vergessen sollte man die Überraschungsrekorde. Wer baut schon ein Atomkraftwerk fertig und nimmt es dann nicht in Betrieb? Wer bereitet schon eine Weltausstellung mit allen Schikanen vor und läßt sie dann durch eine Volksabstimmung verhindern.

Und nirgendwo läßt es sich so angenehm leben. In keinem Industriestaat beginnt das Pensionistenleben so früh. Von 100 Männern zwischen 60 und 64 sind in Österreich bereits 79 in Pension, in den USA 44 und in der Schweiz nur 17; hierzulande nähert man sich dem Jenseits so rüstig wie möglich.

Da sollen die Herren Tiefenpsychologen nur kommen und sagen, daß unsere einmaligen Rekorde etwas mit unbewältigter Vergangenheit und den dazugehörigen Minderwertigkeitskomplexen zu tun haben. Hier irren unsere Kritiker. Oder, wie eine alte Dame gesagt hat: „Wir Österreicher haben ja noch nie unsere Vergangenheit bewältigt – warum sollten wir es ausgerechnet jetzt tun?"

Zigeunermusik

Zigeunermusik ist etwas Wunderbares. Zigeunermusik gehört zum großen Reiz einer Ungarnreise alten Stils. Ja Schmarrn – wo kann man sie denn noch hören? Es war in Kecskemet, ein modernes Hotel mit einem großen Speisesaal. Nach dem Essen kommen die Zigeuner: rassige, dunkelhäutige Männer mit glühenden Augen – ganz nach Klischee, wie in einem alten Film. Und was spielen sie? „Machen wir's den Schwalben nach" und danach den Donauwalzer. Als die Zigeuner an unseren Tisch kommen, sage ich: „Ich will etwas schönes Trauriges hören." Und mein Wunsch wird erfüllt: melodiös, rhythmisch und sentimental! Ich gebe mich meiner Stimmung hin und spüre Tränen aufsteigen. Aber kaum sind sie fertig mit diesem Stück, spielen sie schon wieder ein „Fremdenverkehrslied". Zum Kuckuck, ich will in echter Zigeunermusik baden, aber der Touristenkitsch hat sich gegen mich verschworen. Wo sind die Zeiten, wo man zu den Zigeunern gegangen ist, um sich gesundfideln zu lassen?

Muß die Sentimentalität, müssen Wehmut und Melancholie das Tageslicht scheuen? Sind alle romantischen Gefühle von der Öffentlichkeit verbannt? Sind also melancholische Stimmungen und Gefühle etwas Peinliches, vielleicht sogar etwas Unanständiges? Warum darf man nicht auch die Traurigkeit und Depression in aller Ruhe auskosten?

Kaum ist einer traurig, wird er schon zur Beherrschung gemahnt. Kaum hat einer Tränen in den Augen, werden sie schon von gezückten Taschentüchern bedroht. Warum darf man nicht ungestört traurig sein? Warum darf man nicht ungestört weinen? Warum darf man nicht ungestört von selbsternannten Tröstern sein? Warum stöbern einen die Aktivisten der „Lebenshilfe" noch in den letzten Winkeln auf, in die man sich schutzsuchend verkrochen hat?

Ich schreibe das ganz bewußt als Pfarrer, also als einer, von dem man glaubt, daß er trösten muß, weil er für jeden ein passendes Trostpflaster vorbereitet hat. Ich wehre mich gegen meine Verurteilung zum Trösterling. Ich will lieber helfen beim Weinen, beim Traurig- und Sentimentalsein. Ich will lieber Mut machen, auch die Traurigkeit auszukosten, auch das Leid zu verzehren, die Wehmut zu gestalten.

Es wäre schön, wenn im Herbst die Zigeuner in der Kirche spielen würden.

Es ist eine Lust, ein Ketzer zu sein!

Es gibt keinen Protestantismus ohne reformatorische Lust. Denn es ist einfach eine Freude, ein Ketzer zu sein, ein Ketzer, der sich vom Wort Gottes ernährt.

Die evangelischen Kirchen sollen ihre Mitglieder endlich wieder zu Ketzern erziehen, zum herrlichen reformatorischen Rabaukentum. Evangelische Pfarrer/innen müssen endlich wieder so predigen, daß sogar alte Damen wieder die Ketzerlust in sich entdecken. Diese reformatorische Lust, dieses fröhliche Ketzertum ist es doch, was den Leuten an Luther gefällt, sie fasziniert.

Der Thesenanschlag zum Beispiel –, egal, ob er jetzt nur eine Legende ist oder nicht – auf jeden Fall ist er eine mobilisierende Geschichte. Und wer formuliert heute Sätze, die ein ganzes Land umkrempeln? Und die ungeheure Vitalität seiner Sprache, seines Humors. Die deutsche Sprache hat sich durch Luther weiterentwickelt. Und wer will heute so reden und schreiben wie eine evangelische Kirche?

Und nicht zuletzt seine Heirat: „Der entlaufene Mönch heiratet die entlaufene Nonne!“ hat die zeitgenössische Karikatur gehöhnt. Was für eine Heirat müßte man heute anstellen, um einen ähnlichen Wirbel zu erregen wie Luther?

Diese reformatorische Lust, dieses fröhliche Ketzertum ist es doch, was den Leuten an Zwingli gefällt, sie fasziniert. Das Wurstessen von Zwinglis Freunden 1522 in der Buchdruckerei Froschauer in Zürich, also ein offizieller Bruch der gesetzlich verankerten Fastenordnung, hat schließlich zu Zwinglis erster, großer reformatorischer Schrift geführt. Und was für ein „Happening“ müßte man heute machen?

Zwingli hat erreicht, daß das Söldnerwesen abgeschafft wird und hat damit die ganze Schweizer Wirtschaft auf den Kopf gestellt. Und heute? Spendensammlung oder Schuldentilgung der Dritten Welt; den Wohnungsspekulanten, die Ausländer ausbeuten, das Handwerk legen?

Diese reformatorische Lust, dies fröhliche Ketzertum ist es doch, was den Leuten an Calvin gefällt. Er hat theologisch über die Wirtschaft nachgedacht und als Aufgabenbereich für die Christen wiederentdeckt. Er ist einer der Väter der europäischen Demokratie und des Widerstandsrechts. Was dürfen Gesellschaft, Demokratie und Ökumene heute von den Protestanten erwarten?

Es ist eine Lust, ein Ketzer zu sein!